Frank Berger, Christian Setzepfandt

103 Unorte in Frankfurt

FRANK BERGER
CHRISTIAN SETZEPFANDT

103 UNORTE IN FRANKFURT

BESTSELLER Teil 3

SOCIETÄTS VERLAG

Alle Rechte vorbehalten • Societäts-Verlag
© 2013 Frankfurter Societäts-Medien GmbH
Umschlaggestaltung: Nicole Ehrlich, Societäts-Verlag
Satz: Nicole Ehrlich, Societäts-Verlag
Druck und Verarbeitung: freiburger graphische betriebe
Printed in Germany 2013

ISBN 978-3-95542-007-9

Inhaltsverzeichnis

Unumgänglich:
Das Vorwort 9

1	Unterholz	Absturz der Douglas	10
2	Untäter	Anarchistenmord	12
3	Ungehört	Alfred Andreae von Neufville	14
4	Ungegoren	Apfelwein im U-Boot	16
5	Unbehaust	Arbeiterhaus	18
6	Undatiert	Der Bachberg	20
7	Unterwasser	Die Basaltkuhlen	22
8	Unaussprechlich	Fritz Bauer	24
9	Ungerecht	Otto Blankenstein	26
10	Ungelogen	Die „Bocca della Verità"	28
11	Uniform	Bockenheimer Husaren	30
12	Unten	Das Boots	32
13	Uneinsichtig	Philipp Bozzini im Dom	34
14	Untergärig	Brauereikeller	36
15	Unnütz	Der deutsche Bundestag	38
16	Ungesüßt	Café Gruber und Eisen-Beck	40
17	Unfall	Chemieunfall 1901	42
18	Unbegabt	Claras Haus	44
19	Unruh	Der Dichter im Rententurm	46
20	Unerfüllt	Die Dichterin vom Rossmarkt	48
21	Unstet	Eibe auf Wanderschaft	50
22	Unterbruch	Der Eisenbahndurchbruch 1901	52
23	Unbenannt	Eiserne Hand	54
24	Untat	Entführt in Rödelheim	56

25	Unbiegsam	Erste Eisenbahnbrücke	58
26	Unnötig	Fachwerkhaus am Museum	60
27	Untendrunter	Fassbinders Wohnung	62
28	Unredlich	Der FAVAG-Skandal	64
29	Ungelöscht	Der Feuermelder im Dom	66
30	Untergegangen	Fischerkahn am Rechneigrabenweiher	68
31	Unerlaubt	Das Frankfurter Haus	70
32	Unterlauf	Frankfurts tiefste Stelle	72
33	Ungeahndet	Französischer Massenmord	74
34	Unfriede	Die Friedensbrücke	76
35	Ungebaut	Die Fuge der Brücke	78
36	Unkraut	Gärtnersiedlung „Im Teller"	80
37	Ungekocht	Die Gaspassage	82
38	Ungeöffnet	Gasthaus „Zum Elephant"	84
39	Unbehaart	„Die Gefährten"	86
40	Unsolide	Geschützbunker bei Senger	88
41	Uneindeutig	Welcher Ginkgo ist es?	90
42	Unsicher	Der Goetheturm	92
43	Unsichtbar	Der Grindbrunnen	94
44	Unhold	Der Hammermörder	96
45	Unsagbar	Drei Senckenberg-Hasen	98
46	Ungeist	Das Heinrich-Heine-Denkmal	100
47	Ungemach	Die Stadt Höchst	102
48	Unversorgt	Der Hof der Aussätzigen	104
49	Unwesen	Der Hundekotstreifen	106
50	Unbeseelt	Ignatiuskirche	108
51	Unlieb	Institut für Sozialforschung	110
52	Ungetauft	Der Große Judenbrand	112
53	Unbedacht	Das Kind am Rathaus	114
54	Unreligiös	Kappellchen im Römer	116

55	Unsinn	Kindergehege in Peterskirchhof	118
56	Untrinkbar	Klärwerk Niederrad	120
57	Unverglast	Klo im Schauspielhaus	122
58	Unbeliebt	Die Kotzenburg	124
59	Unpoetisch	Siegfried Kracauer	126
60	Unbenutzt	Die Lahmeyerbrücke	128
61	Unentdeckt	Die Leiche im Lindenbaum	130
62	Unfrei	Rosa Luxemburg in der Titania	132
63	Ungesellig	Gaststätte Mentz	134
64	Unaufgeklärt	Mord in Seckbach	136
65	Ungesponnen	Der Maulbeerbaum auf dem Schulhof	138
66	Untiefe	Orange Beach	140
67	Ungeehrt	Pension Bettina	142
68	Ungemäß	Das Haus Pfeiffer-Belli	144
69	Unbeschnitten	Phallus im Kloster	146
70	Unbegrenzt	Platz ohne Rand	148
71	Unantastbar	Das Haus Passavant	150
72	Unbewiesen	Pohlmann und die Hose	152
73	Unmäßig	Polizeiüberfall Rohrbachstraße	154
74	Unsumme	Pomodoro-Brunnen	156
75	Unstabil	Die Praunheimer Brücke	158
76	Ungehemmt	Raubmord in Bockenheim	160
77	Ungesundheit	Rauchkammer am Airport	162
78	Ungeklärt	Rechtsmedizin Kennedyallee	164
79	Untergrund	Die Rote Hand	166
80	Unwürdig	Ruine im Wald	168
81	Unbemerkt	Der Schirn-Kunstraub	170
82	Unbekleidet	Schneider am Sims	172
83	Unbeweibt	Schopenhauer im Englischen Hof	174
84	Ungeniert	Schwule Sterne	176

85	Unterschied	Staustufe Niederrad	178
86	Unrein	Die Stinkpassage	180
87	Unbewacht	Wachensturm 1833	182
88	Unglück	Der Sturz Senckenbergs	184
89	Ungedruckt	Die Tafel bei Guaita	186
90	Unvermittelbar	Die erste Telefonvermittlung	188
91	Unsäglich	Der Theatertunnel	190
92	Unfassbar	Tod am Wasserwerfer	192
93	Unfalltod	Der Tod kam an Pfingsten	194
94	Ursprung	Der Seckbacher Mühlbach	196
95	Unbesiegt	Tote Hessen	198
96	Ungeöffnet	Eine Tür	200
97	Ungenau	Uhr an der Katharinenkirche	202
98	Unterleib	Vom Ende der schwulen Szene	204
99	Ungelesen	Wo schrieb Valentin Senger?	206
100	Unter Drogen	Die alte Wappentafel	208
101	Unerwünscht	Elisabeth Winterhalter	210
102	Unbezahlbar	Wucher am Fenster	212
103	Ungezwungen	Die Zwingergasse	214

Literatur 216

Die Autoren 218

Unumgänglich
Das Vorwort

Jedes Jahr eine neue Folge mit Frankfurter Unorten, warum nicht? Jetzt sind wir bei 103 neuen Unorten angelangt. Die Abfolge korrespondiert mit der Jahresfolge, also 101 Unorte in 2011, 102 Unorte in 2012 und 103 Unorte in 2013. Eine veritable Trilogie ist geschafft: Die Frankfurter Un-Trilogie.

Die Mischung ist bekannt. Missratene Architektur, Verschandelung, Mord, Raub, Diebstahl, Explosion, Zerstörungs- und Unfallorte gesellen sich zu Unbekanntem und Unentdecktem. Immer geht es uns um das Kleine und das Verborgene. Auch wenn sich Frankfurter Mega-Unorte wie Konstablerwache, Rossmarkt, Schirn-Kunsthalle, Nordweststadt und Lerchesberg gerne in die erste Reihe drängen würden. Die lassen wir weg, weil die kennt doch jeder!

Hinweise auf einige der 103 Unorte verdanken wir unseren geneigten Leserinnen und Lesern. Vielen Dank dafür! Ebenfalls ein kleiner Dank gebührt Dr. René Heinen, dem Verlagsleiter. Er hat ohne ungebührliche Ungeduld unsere Untaten unheimlich umsichtig unterstützt. Reime mit gleichem Anlaut können anstrengend sein.

Die Texte zu diesen 103 neuen Unorten in Frankfurt haben die Autoren wiederum gemeinsam verfasst. Bitte suchen Sie die neuen Unorte auf, im Rahmen einiger Exkursionen durch unsere schöne alte kleine Kaiserstadt.

Unterholz
Absturz der Douglas

Stadtwald, Gehspitz

Dieser Text handelt von dem viermotorigen Propellerflugzeug Douglas DC-6 (PH-TJP) der KLM mit dem Namen „Koningin Juliana". Die Maschine wurde 1948 in Dienst gestellt. Der Flugzeugtyp galt als wirtschaftlich und zuverlässig. Einige Douglas DC-6 sind noch heute im Einsatz. Die Höchstgeschwindigkeit beträgt 554 km/h bei 4.100 km Reichweite. Je nach Bestuhlung fasst sie 52-70 Passagiere. Der Kapitän der „Koningin Juliana" war Lykle Emmo Jelmers Postma, geboren 1918, ein erfahrener Mann mit 5.680 Flugstunden, davon 3.740 als Kapitän.

Von Johannesburg kommend hob die DC-6 am Samstag, den 22. März 1952 um 6.38 Uhr in Rom ab. Beim Anflug auf Frankfurt herrschte Regen und Nebel. Daher musste ein Instrumentenlandeanflug durchgeführt werden. Die Maschine flog aber zu tief an. Sie hatte 60 m Bodenhöhe, wo sie 250 m hätte haben müssen. Es war 10.15 Uhr. Kapitän Postma fuhr das Fahrwerk aus. Vom Boden aus sah der LKW-Fahrer Willi Hoffmann, wie die DC-6 einen Baum streifte. Dabei brach ein Teil des Flügels ab. Am Gehspitz, beim ehemaligen Holzmann-Gelände, stürzte die Douglas ins Unterholz und explodierte. Die Absturzursache konnte nie eindeutig ermittelt werden.

Die Bilanz der Katastrophe: Von 47 Personen an Bord kamen 45 ums Leben, neun Besatzungsmitglieder und 36 Passagiere. Ganz überwiegend waren es Niederländer auf dem Heimweg nach Amsterdam. Nur zwei der ursprünglich sechs geborgenen Schwerverletzten überlebten.

Untäter
Anarchistenmord

2.

Nordend, Im Sachsenlager 5

Ein kalter Wintertag in Frankfurt. Der 13. Januar 1885, halb acht Uhr abends. Polizeirat Dr. Karl Ludwig Franz Rumpff, Leiter der Frankfurter Polizei, kommt zu seinem Haus in der Straße Im Sachsenlager 5. Es schneit. Vor dem Haus sucht er den Schlüssel. Ein Schrei, zwei Messerstiche in die Brust, und er ist tot. Ein Dienstmädchen findet den Toten im Schnee einige Minuten nach der Untat. Ganz Frankfurt weiß: Der Mörder war einer der Anarchisten. Denn Dr. Rumpff war ihr erbittertster Gegner.

Der gebürtige Frankfurter war zunächst Offizier des Frankfurter Linienbataillons. Dann studierte er Jura und wurde 1867 preußischer Polizeirat. Er galt als Experte für Verschwörungen und schreckte nicht davor zurück, Spitzel in Anarchistenkreise einzuschleusen. 1883 wurde er selbst Ziel eines Sprengstoff-Anschlags. Seine Amtsstube befand sich im Clesernhof hinter dem Römer. Irgendjemand platzierte eine Ladung Dynamit unter seiner Treppe und zündete sie. Trotz schwerer Detonation wurde niemand verletzt. Die Bombe galt natürlich Rumpff.

Nach dessen Ermordung liefen die Ermittlungen auf Hochtouren. Durch Zufall geriet der 20-jährige Schustergeselle Julius Lieske aus Zossen bei Berlin in Hockenheim an der Bergstraße in das Visier der Polizei. Er gab an, nie zuvor in Frankfurt gewesen zu sein. Allerdings hatte er eine dortige Herberge bewohnt und einen Schlosser nach Polizeirat Rumpff ausgefragt. An der Hand hatte er eine frische Schnittwunde. Im Prozess sagte er: „Ich bin Anarchist." Die Beweislage gegen ihn war erdrückend. Lieske wurde schuldig gesprochen und zum Tode verurteilt.

Ungehört
Alfred Andreae von Neufville

3.

Westend, Guiollettstraße 14

Geht man über den Frankfurter Hauptfriedhof und liest die Namen der dort Beerdigten, so fällt ein Name auf. Es scheint irgendwie jeder zweite Name aus einer bestimmten Familie zu stammen, mit ihr verwandt oder verschwägert zu sein. Es geht um die Familie Andreae. Verwandt sind die Andreaes unter anderem mit den Familien Bansa, Klotz, Kotzenberg, Passavant, Rathenau, Willemer.

Die Familie stammt ursprünglich aus Straßburg. Einige Familienmitglieder siedelten sich im 17. Jahrhundert in Frankfurt an. Die Familie ist für Frankfurts Geschichte immerhin so bedeutend, dass der Wirtschaftshistoriker Alexander Dietz 1923 die Chronik der Familie Andreae verfasste. Die Andreaes waren früh als Buchdrucker und Verleger tätig, aber auch Bankiers und Wissenschaftler. Auf der Nordseite des Frankfurter Römerbergs befindet sich das Haus Zum Goldenen Rad. Über dem Wappen die Namen der Familien Andreae und de Neufville. Der heutige Neubau stammt von 1955.

Aus der Familie stammte auch Alfred Andreae von Neufville, der 1921 in der Guiollettstraße 14 geboren wurde und der 2012 im Alter von 91 Jahren starb. Der charmante alte Herr, wohlgebildet und weit gereist, sprach ein wunderbares, längst verklungenes Frankfurterisch, das eine schöne Mischung aus dem alten vor dem Krieg gesprochenen Dialekt mit Französischen Worten war. Ich (CS) war zum Tee eingeladen, die Haushälterin servierte Gurkensandwiches. Alfred Andreae bot diese mir an mit dem Satz: „Junger Mann, regalieren (*) Sie sich nach Belieben an dene Gogge Sandwich" (*regalieren, von französisch „se regaler": es sich schmecken lassen, Hinweis Ulrike Schiedermair).

Ungegoren
Apfelwein im U-Boot

Rödelheim, Eschborner Landstraße 156-162

Er hat es schon zu einer beträchtlichen Bekanntheit gebracht, der Apfelwein im U-Boot. Ort dieser ungewöhnlichen Lagergefäße ist die Apfelweinkelterei Possmann, gegründet 1881 in Rödelheim durch den Weinküfer Philipp Possmann. 1937 wurde das Grundstück des heutigen Firmensitzes in der Eschborner Landstraße erworben. Die Anlagen wurden im Zweiten Weltkrieg völlig zerstört.

1946 entdeckte Werner Possmann, selbst ehemaliger Marineoffizier, drei ehemals im Bau befindliche U-Boote des Typs XXI im Frankfurter Westhafen. Es handelte sich um einen technisch hoch innovativen Bootstyp, der aber nur in der Endphase des Krieges in geringen Stückzahlen zum Einsatz kam. Werner und Fritz Possmann kauften die Druckbehälter dieser drei Boote. Ein solcher Behälter ist sechs Meter hoch und 21 Meter lang. Jeder fasste 418.000 Liter, hatte eine Materialstärke von 25 mm und konnte 10 bar Druck aushalten.

Eigentümer der Tanks war die amerikanische Besatzungsmacht. Werner Possmann führte die Kaufverhandlungen auf Englisch. Der siebenjährige Sohn Günter Possmann war zwar dabei, konnte aber nicht ermitteln, was sein Vater für die U-Boote bezahlt hatte. Er vermutet, dass die Bezahlung in Naturalien erfolgte. Nach dem Ankauf wurden die Boote verkürzt, neu verschweißt und innen versiegelt. Nach wie vor sind sie dicht und sauber. Nach jeder Leerung werden sie mit Dampfreiniger gesäubert und neu befüllt. Die U-Boote mit dem Apfelwein sind nach Anmeldung bei der Kelterei Possmann zu besichtigen.

Unbehaust
Arbeiterhaus

5.

Höchst, Brand

In einem touristischen Führer durch Höchst würde dieses Haus wohl nie auftauchen. Ein einfaches, heute blau verputztes Gebäude aus dem Jahr 1877. Dieses sehr einfache Arbeiterhaus gibt uns einen guten Eindruck von den im 19. Jahrhundert herrschenden Wohnzuständen der rasch anwachsenden Städte. Zwar wurden in Höchst große Siedlungen wie „Heimchen" errichtet, doch auch in der Altstadt von Höchst entstanden Arbeiterhäuser.

Die Entwicklung zur Industriestadt erfolgt in Höchst in mehreren Schritten. Vorläufer waren im 18. Jahrhundert die Manufakturen, wie die Höchster Porzellanmanufaktur, die Tabakfabrik der Bolongaros, ein Unternehmen für Galanteriewaren und eines für die Produktion von Sekt. Der wesentliche Schritt zur Industrialisierung erfolgte seit den 1860er Jahren. Dabei waren die späteren Farbwerke von 1863 nur eine der Industrieansiedlungen, die Höchst so nachhaltig veränderten.

Die Gasse „Brand" entstand nach dem Stadtbrand von 1778, bei dem 15 Häuser und mehrere Scheunen vernichtet wurden. Danach entschied man sich für die Anlage einer neuen Struktur des Stadtplans. Eine neue Ost-West-Gasse „Brand" entstand und kreuzte sich mit der Nord-Süd-Verbindungsgasse „Nach dem Brand". Diese war ursprünglich auf das Hauptportal der Justinuskirche ausgerichtet. Erst später ging diese Sichtachse durch Überbauung der Nord-Süd-Gasse verloren.

Undatiert
Der Bachberg

Preungesheim, Am Bachberg

Preungesheim ist älter als Frankfurt. Zumindest hinsichtlich seiner Ersterwähnung. In einer Schenkungsurkunde des Klosters Lorsch aus dem Jahre 772 ist von „Bruningesheim" die Rede. Der Name „Frankfurt" taucht erst 22 Jahre später aus dem Dunkel der Geschichte auf. Weitere Erwähnungen von Preungesheimer Grundbesitz in karolingischer Zeit datieren von 773 und 831.

Und genau in dieser Zeit liegen auch die Anfänge der St. Gallus-Kirche, heute Kreuzkirche. Einer kapellenförmigen steinernen Saalkirche aus karolingisch-ottonischer Zeit wurde im 12. Jahrhundert ein überdimensionierter Kirchturm „aufgesetzt". Grabungen der Frankfurter Archäologie wiesen sechs Bauphasen der Kirche nach.

Eine spätere Notiz besagt, dass es in Preungesheim auch eine Burg gegeben hat. Burg und Kirche standen in der Verfügungsgewalt der Grafen von Falkenstein. Die Grafen vertauschten das Dorf Preungesheim 1275 an den Deutschen Orden in Sachsenhausen.

140 Meter nördlich der Kirche beschrieben Archäologen des 19. Jahrhunderts einen auffälligen Hügel, der den Namen „Bachberg" trägt. Er war ursprünglich oval und maß bei 5 Metern Höhe etwa 35 x 80 m. Im Jahr 1888 ließ der zuständige Pfarrer dort Ausgrabungen vornehmen, die Keramik und Aschenreste zutage förderten. In der Umgebung des Bachbergs befanden sich ein Weiher und einige Bäche, die zur Nidda hin flossen. Daher ist es denkbar, dass es sich bei dem undatierten Hügel um eine Niederungsburg, eine sogenannte Motte, handelt. Hier residierten – vielleicht – im 13. Jahrhundert die Ritter von Preungesheim. Die Burganlage liegt heute im Bereich eines Spielplatzes.

Unterwasser
Die Basaltkuhlen

7.

Bockenheim, Hessenplatz

Nur wenige wissen in Hessen noch vom Vulkanausbruch vor etwa sieben Millionen Jahren. Zum vermutlich letzten Mal trat damals der Vogelsberg als aktiver Vulkan in Erscheinung. Vor etwa 13 Millionen Jahren ergossen sich die Lavaströme dieses Berges durch die Wetterau, vorbei am späteren Friedberg Richtung Süden auf Frankfurt zu, genauer gesagt nach Bockenheim. Dort erstarrten sie zu Basalt.

Schon zu römischer Zeit wurden die Basaltsteine zum Bau von Straßen und Mauern benutzt. Nur etwa 10-15 Meter unter der Oberfläche stand der Basalt an und war damit relativ leicht zu gewinnen. In Frankfurt und Bockenheim ist der Basalt für den Bau von Straßen oder für die erste nicht Wasser aufnehmende Schicht der Steinmauern mancher Frankfurter Häuser verwendet worden. Die Frankfurter bezogen ihre Baumaterialien immer aus der Umgebung: vom Main hinter Aschaffenburg kam der Buntsandstein, aus dem Taunus der Schiefer, von der Lahn der Marmor und aus dem Spessart das Eichenholz. Im Frankfurter Raum befanden sich noch andere „Schwarze Kauten" der Basaltgewinnung.

Im alten Bockenheim gab es mehrere Steinbrüche und Steinkauten (Kuhlen des Basalt-Abbaus). So etwa in der „Nauheimer Straße" nahe des Westbahnhofes. Wurden die tiefer und tiefer in den Boden getriebenen Abbauorte nicht regelmäßig leer gepumpt, dann liefen sie voll Grundwasser. Der heutige Hessenplatz war der Ort der „Großen Steinkaute", die bis etwa 1892 genutzt wurde. Danach lief die Grube mit Wasser voll. Heute spielen auf dem Spielplatz „Hessenplatz" die Kinder.

Unaussprechlich
Fritz Bauer

Westend, Feldbergstraße 48

Eine der interessantesten Persönlichkeiten der Nachkriegsjahre in Frankfurt war der 1903 in Stuttgart geborene Fritz Bauer. Bauer stammte aus einer jüdischen Familie. Der promovierte Jurist arbeitete nach seiner Emigration zuerst in Braunschweig. Bauer kam 1956 nach Frankfurt, wo er das Amt des hessischen Generalstaatsanwaltes übernahm. Bauer wohnte im zweiten Stock des Hauses in der Feldbergstraße 48. Er wurde am 1. Juli 1968 tot in dieser Wohnung aufgefunden.

1959, nach der Initiative von Fritz Bauer, wurden die in Auschwitz tätigen Schergen in Frankfurt angeklagt. Die ersten Verhandlungen fanden im Plenarsaal des Frankfurter Römers statt. Später wurde im Bürgerhaus Gallus verhandelt (102 Unorte, Nr. 68). Mit diesem Prozess begann die wirkliche Aufarbeitung der Verbrechen während des Dritten Reichs. Bauer machte sich damit viele Feinde. Er sagte einmal: „Wenn ich mein (Dienst-)Zimmer verlasse, betrete ich feindliches Ausland." So sehr Bauer in Justiz und Politik hineinwirkte, so sehr verschloss Bauer sein Privatleben vor der Öffentlichkeit.

Dem Wirken Fritz Bauers ist das nach ihm benannte Institut gewidmet. Es befasst sich mit den nationalsozialistischen Verbrechen und deren Nachwirkungen und Bedeutung für die Gegenwart. Ein Portrait Bauers findet sich auf der Frankfurter Treppe, im Gebäude der Landesbank Hessen-Thüringen in der Neuen Mainzer Straße 52-58. Die Inschrift mit dem ersten Satz des Grundgesetzes, „Die Würde des Menschen ist unantastbar!", am Gebäude des Landgerichtes wurde auf Initiative Fritz Bauers angebracht.

Ungerecht
Otto Blankenstein

Innenstadt, Taunusanlage

Was jetzt folgt, nannte ein Zeitzeuge einmal die „Frankfurter Christenverfolgung". Was war passiert? Am 16. Juli 1950 wurde ein fast 18-jähriger Mann verhaftet. Er fand seine Kunden in der schwulen Szene Frankfurts – Otto Blankenstein ging auf den schwulen Strich. Dieser befand sich im Wesentlichen am Hauptbahnhof und in der Taunusanlage. In den Resten des Taunustors gab es eine beliebte Kneipe, die sowohl von den Deutschen als auch von amerikanischen Soldaten besucht wurde. Das Geschäftsmodell „chewing gum for kisses" funktionierte hier zu beiderseitigem Gewinn und Vergnügen. Die Szene hatte sich erholt, es war auch klimatisch warm.

In diese Stimmung platzte die Verhaftung Blankensteins. Er und seine sieben Jahre später ermordete Kollegin Nitribitt hatten eine gemeinsame Manie, ein Notizbuch. Blankenstein notierte die Namen seiner Kunden. Ein gefundenes Fressen für Polizei und Staatsanwaltschaft, denn mit Blankenstein als Zeuge gelang die Überführung wegen Verstoßes gegen den Paragraf 175, der Sexualität zwischen Männern unter Strafe stellte.

Blankenstein und der ermittelnde Staatsanwalt Fritz Thiede fuhren durch die Stadt. Blankenstein zeigte auf die Wohnungen der im Notizbuch festgehaltenen Männer. Diese wurden dann nicht etwa in ihren Wohnungen verhaftet, sondern bewusst in ihren Arbeitsstätten, um sie bloßzustellen. Das Ergebnis der Hatz: fast 300 Namen, 150 Ermittlungsverfahren, etwa 75 Verurteilungen. Die Folge: mehrere Selbstmorde. Der Staat hatte die Frankfurter schwule Szene wieder im Griff. 1952 wurde der letzte Prozess gegen eine Zahlung von 3 DM eingestellt.

© Fotografie: Grünflächenamt, Frankfurt 1953

Ungelogen
Die „Bocca della Verità"

10.

Innenstadt, Dom

„Bocca della Verità" heißt auf Deutsch „Mund der Wahrheit". Der berühmteste „Mund" befindet sich in Rom an der Kirche Santa Maria in Cosmedin. Eine ursprünglich römische Reliefscheibe mit einem Gesicht und einem offenen Mund, in den man seine Hand stecken muss. Dieser Mund für die Wahrheitsprüfung hat es in die Welt des Films und der Literatur geschafft.

Auch in Frankfurt gibt es einen solchen Mund. Er befindet sich im Frankfurter Dom und ist ein viereckiges Loch in einer gotischen Türfassung, in das man seine Hand hineinstecken kann, ohne das Ende des Lochs erreichen zu können. Hierhin führten Frankfurter Mütter und Väter ihre Kinder mit dem Kommentar: „Wenn du da die Hand rein hältst und sie ist ab, dann hast du gelogen". Aber da man ja nicht gelogen hatte, konnte die Hand ohne Angst dort reingehalten werden.

Die zugehörige Tür führt in die 1487 an das Hauptschiff des Frankfurter Doms nach Süden angebaute Scheidskapelle. Bevor die Kapelle angebaut wurde, war hier die 1298 erstmals erwähnte sogenannte „Rote Pforte", die Gerichtspforte des Frankfurter Doms. Die Frankfurter Bocca könnte mit der Gerichtspforte etwas zu tun haben. Denn bei Rechtsunsicherheit suchte man ja auch viele Jahrhunderte nach einer „göttlichen" Prüfung der Wahrheit. Auch an anderen Domen Deutschlands wie in Paderborn oder Essen gibt es eine solche Rote Pforte. Vielleicht war das Loch aber auch nur eine Führung für einen Balken, der die Pforte zur Scheidskapelle versperrte. Aber das wäre ja eine langweilige Geschichte.

Uniform
Bockenheimer Husaren

Westend, Ludwig-Erhard-Anlage

So einen Tag hatte Bockenheim noch nie erlebt. Der König von Italien kam zu Besuch. Es war der 25. Juni 1892. König Umberto I. war ehrenhalber Chef der 13er Husaren, die in Bockenheim stationiert wurden. Der offizielle Name lautet: Husaren-Regiment König Humbert von Italien (1. Kurhessisches) Nr. 13. Denen galt sein Besuch. Nach der Ankunft am Hauptbahnhof und geziemender Begrüßung durch den Bürgermeister bestieg er ein Pferd. Ganz Bockenheim war auf den Beinen. An der Spitze seines Leibregiments, in Paradeuniform, ritt er durch die Schloßstraße. Acht Jahre später ermordete ein Anarchist König Umberto.

Die 13er Husaren waren von 1875 bis 1902 in Bockenheim stationiert. Das Quartier der 13er Husaren war das jetzige Wohnhaus Kiesstraße Nr. 4. Der klassizistische Klinkerbau, heute ein Wohnhaus, wurde 1881 als Militärlehrschmiede erbaut. 1902 wurde das Regiment strafversetzt. Es gab Gerüchte, dass das Frankfurter Nachtleben für die Offiziere zu viele Verlockungen geboten hatte. 1919 erfolgte die Auflösung der 13er Husaren.

In Erinnerung an die gefallenen 13er Husaren des Ersten Weltkriegs wurde 1925 auf dem Königsplätzchen in Bockenheim das Husarendenkmal aufgestellt. Dieser Platz heißt heute Theodor W. Adorno-Platz. 2003 verdrängte Adorno, bzw. die ihm gewidmete Installation, das Husarendenkmal vom Platz. Es befindet sich jetzt in der Senckenberganlage. Das Denkmal besteht ganz aus Muschelkalk. Auf einer Plattform befindet sich eine Basis in Form eines eisernen Kreuzes. Darauf steht eine Stele. Diese trägt mehrere kriegshuldigende und totenehrende Inschriften.

Unten
Das Boots

12.

Gutleut, Gutleutstraße 13

Links die Theke, rechts und gegenüber – für die bessere Übersicht – an den Wänden übereinander Bänke für welche, die oben sitzen wollten und welche, die unten sitzen wollten. Und darüber die Wand eng mit amerikanischen Militärboots zugenagelt. Der Raum wenig beleuchtet, aber hell genug, um die Männer zu sehen, die sich meist in Jeans und Leder hier aufhielten. In der Ecke ein Flipperautomat, daneben ein Raum, in dem es noch weniger Licht gab. Nennen wir es ein Dunkelzimmer.

Am Flipper des Boots standen oft Rainer Werner Fassbinder und seine Schauspieler in den Jahren seines Engagements am „Theater am Turm" von 1974 bis 1975. Das Boots war Treffpunkt des „Clans" Fassbinder, seiner Wahlfamilie. Unmittelbar in der Nachbarschaft im Frankfurter Kammerspiel wurden Stücke Fassbinders aufgeführt. In Frankfurt fand im Februar/März 1975 auch ein Teil der Dreharbeiten zu „Mutter Küsters' Fahrt zum Himmel" statt. Und Frankfurt erlebte den Skandal um das als antisemitisch bewertete Stück Fassbinders „Der Müll, die Stadt und der Tod".

Der Besitzer des Boots, nennen wir ihn Peter, war einer der Ersten, der in Frankfurt 1981 an der damals geheimnisvollen Erkrankung starb, die sowohl die schwule Szene als auch bald die ganze Welt bedrohte. In einer Werbezeitschrift erfuhren die Frankfurter davon, dass man manchmal nach einer durchzechten Nacht mit einem Kater aufwachen würde. Diese Weisheit der Binse beschrieb mühsam verklausuliert den Tod drei junger Männer, auch den von „Peter". Sie starben an der Pneumocystis carinii Pneumoni, einer Lungenentzündung, die sonst nur wesentlich ältere Patienten betraf. Seit dem 1. Dezember 1981 heißt die Krankheit „AIDS".

✝ ✝ ✝

PIIS. MANIBUS.
PHILIPPI. BOZZINI.
MED. DOCTORIS.
QVI
NATIONE. GERMANUS.
POSTQVAM. OMNIVM. PRIMVS.
INTERNI. VIVI. CORPORIS. CAVA. LVMINE. ARTE. INSINVATO.
PERLVSTRARE. COEPERAT.
GRASSANTE. MALIGNA. FEBRI
QVAM.
AB. ALIIS. FORTITER. PROPVLSAVERAT.
MVLTIS. ARTE. ET. PIETATE. RESTITVTIS.
NOCTE. IVTI. AD. VTUM. APRILIS.
CIƆ. IƆ. CCCIX.
ANNO. AETATIS. XXXVI.
MORTEM. ARCESSIVIT.
SIBI.
VICTORI. EHEV. IAM. VICTO.
F. F.
AMICI.

✝ ✝ ✝

Uneinsichtig
Philipp Bozzini im Dom

Innenstadt, Dom

Einen Blick in den lebenden Köper zu werfen, das war die Idee von Philipp Bozzini. Das Wissen über den Körper war in der christlich geprägten Medizin durch das weitgehende Verbot der Leichenöffnung sehr beschränkt. Auch die Obduktion von Schweinen und anderen Säugetieren, die in vielerlei Hinsicht der menschlichen Anatomie ähneln, war für das um Wissen bemühte 19. Jahrhundert zu wenig.

Der 1773 in Mainz geborene Philipp Bozzini studierte unter anderem in Jena und entwickelte ab 1804 einen sogenannten „Lichtleiter". 1806 war es schließlich soweit, das erste Mal konnte Bozzini bei einer Vorführung in Frankfurt in den lebendigen menschlichen Körper schauen lassen. Das Gerät leitete über Spiegel das Licht einer Kerze in ein geteiltes Rohr. Auf der einen Seite des Rohrs wurde das Licht geführt, auf der anderen Seite konnte der Beobachter durch das in eine Körperöffnung geführte Instrument in das Innere des Menschen schauen.

Das mehrfach überarbeitete Gerät wurde schließlich am Patienten eingesetzt. Damit wurde in Frankfurt der Vorgänger der Endoskopie entwickelt. Das Originalgerät schickte Bozzini zur Beurteilung nach Wien. Kürzlich konnten die in Frankfurt entstandene Konstruktionszeichnung und das Originalendoskop Bozzinis in Wien erstmals nebeneinander gezeigt werden.

Am 4. April 1809 starb Philipp Bozzini in Frankfurt an Typhus. Er hatte sich aufopfernd um seine Patienten gekümmert. Eine Gedenktafel für Bozzini befindet sich an der nordöstlichen Außenseite des Chors im Frankfurter Dom.

Untergärig
Brauereikeller

Ostend, Ostparkstraße

Bier hat in Frankfurt Tradition. Schon im ersten Frankfurter Telefonbuch vom Herbst 1881 tauchen bei 230 Einträgen allein acht Brauereien auf. Es soll im Frankfurt des 19. Jahrhunderts bis zu 300 Braubetriebe gegeben haben. Der erste Brauer wird in Frankfurt bereits 1288 erwähnt. Die belgischen Glaubensflüchtlinge des 16. Jahrhunderts gaben dem Bier in Frankfurt neue Impulse und Geschmack. Der Hopfen kam aus dem Fränkischen und wurde auf dem Main transportiert. Nur wenige „Bierorte" haben sich erhalten: Das Gelände der Union-Brauerei, das Latscha-Haus, das Messmer-Haus, die Mühlengebäude am Osthafen und die längst zugeschütteten Eiskeller unter dem Sachsenhäuser Berg.

Auch ein alter „Bierort" ist ein interessantes Braureigebäude, das am Hang des Röderbergweges teilweise in den Felsen hineingebaut wurde. Im alten Stromtal des Mains wurde der nördliche Hang durch das Wasser abgeschliffen und eignete sich gut für den Bau tiefer und horizontaler Kellergewölbe. Die Felsenkeller wurden 1844 angelegt und als Lagerkeller benutzt. Sie gehörten zu der Brauerei des Unternehmers Schweger (1874), dann der Frankfurter Großbrauerei „Oberländer'sche Bierbrauerei-Actiengesellschaft" (1886) und der späteren Röderbergbrauerei. Als Brauereikeller waren sie bis zum Zweiten Weltkrieg in Verwendung.

Jetzt beherbergen die alten Keller und Gebäude unterschiedliche Gewerbe; im „Top-Form" trainieren die starken Jungs, bei „Eberhardt Metallbau" wird auch Eisen bearbeitet, mit Laserkanonen auf virtuelle Gegner geschossen und selbst Bier und andere Erfrischungen sind noch zu haben, bei „Getränke am Ostpark".

Unnütz
Der deutsche Bundestag

15.

Dornbusch, Bertramstraße 8

Frankfurt war und ist eine, wenn nicht die, Hauptstadt Deutschlands. Die Kaiser wurden im Frankfurter Dom gewählt und gekrönt. Der Bundestag des Deutschen Bundes von 1815 tagte im Palais Thurn & Taxis. Die Paulskirche war Sitzungssaal des ersten frei gewählten deutschen Parlaments.

Frankfurt sollte nach eigenem Selbstverständnis 1949 Sitz der Bundesregierung und damit Bundeshauptstadt werden. Als Residenz des Bundespräsidenten war die Villa Mumm in Niederrad vorgesehen (101 Unorte, S. 192). Für den Plenarsaal des Bundestages war ein Anbau an die bestehende pädagogische Akademie auf der Bertramswiese vorgesehen. Der Bundesrat sollte an der Börnestraße tagen.

Die Hauptstadtfrage, Frankfurt oder Bonn, war noch in der Schwebe. Dennoch: Im Juni 1949 begann der Bau des Bundestagsplenarsaals in Frankfurt. Der Rundbau in Skelettbauweise und mit gläsernen Außenwänden schließt sich an den Kopfbau des vorhandenen Akademiegebäudes an. Der Saal folgt in seiner Rundung einer „demokratischen Architektur". Flachkuppel und Zwischenbauten erinnerten bewusst an die Paulskirche, die als zweiter Plenarsaal gedacht war. Das Ergebnis war ein durchaus repräsentatives Gebäude, „demokratisch" und „arm an Hierarchien". Das Glas steht für die Transparenz politischer und gesellschaftlicher Prozesse (A. Gehebe).

Doch es wurde nichts daraus. Bonn gewann am 3. November 1949 den Kampf um die Hauptstadt. Das Gelände samt Rohbau des Plenarsaals war unnütz und fiel an den Hessischen Rundfunk. Dort wurde der Saal zum großen Konzertsaal des Senders.

Ungesüßt
Café Gruber und Eisen-Beck

Westend, Feuerbachstraße 1a

16.

Es gibt die Orte der Kindheit, an die man sich ein Leben lang erinnert. Für mich (CS) sind das die Firma Eisen-Beck in der Taunusstraße und das Café Gruber in der Feuerbachstraße 1a.

Eisen-Beck war der klassische Eisenwaren- und Werkzeughandel. Die hohen Wände bis unter die Decke gefüllt mit dunklen Holzregalen, in denen alles war, was das Herz des wirtschaftswundernden Heimwerkers beglückte. Jede Schraube, jede Unterlegscheibe konnte einzeln gekauft werden. Auf jeder Packung wie an jeder der unzähligen Schubladen war ein Produkt befestigt, sodass man immer wusste, was sich darin befand. Knarrende Dielen und eine große Treppe, die in den ersten Stock führte, gaben dem Geschäft etwas Spektakuläres. Im ersten Stock gab es alles für den Haushalt: Bürsten, Fleischwölfe und Glasschirme für Lampen aller Art. Dort habe ich 1966 meine ersten Rollschuhe gekauft, was mit einem schönen Bild in der FAZ belegt ist. Frau Mecki war die Seele des Hauses. Eisen-Beck gibt es seit einigen Jahren nicht mehr.

Dafür gibt es Konditorei und Café Gruber in der Feuerbachstraße noch, jetzt in der vierten Generation. In Frankfurts schnelllebigem Cafébetrieb schon was Besonderes. Familienbetriebe, die sich diesem aufreibenden Gewerbe widmen, werden immer seltener. In der Feuerbachstraße werden die Kuchen noch nach dem alten Familienrezeptbuch gebacken und in dem kleinen, sehr familiären Café verkauft. Der zweite, ebenso wunderbare Betrieb in Frankfurt mit langer Tradition ist das Café Hollhorst. Hier im Haus Wertheim zwischen Römerberg und Eisernem Steg bietet die Familie Anderlohr seit drei Generationen ihren grandiosen Gugelhupf an.

Unfall
Chemieunfall 1901

17.

Griesheim, Stroofstraße

Dass es in Chemiewerken immer mal wieder zu Bränden und Giftwolken kommt, ist bekannt. Der Brand in der Chemischen Fabrik Griesheim am 25. April 1901 um drei Uhr nachmittags übertraf alles. Die Brandursache war eine heiß gelaufene Maschine. Der Brand griff um sich und erreichte eine Halle, in der hochexplosive Pikrinsäure hergestellt wurde. Diese Chemikalie diente früher als Inhalt von Handgranaten. Es ereigneten sich zwei ungeheure Explosionen. Die Erschütterung war derart, dass man in der Umgebung an ein Erdbeben glaubte.

Weitere Anlagen und Hallen werden völlig zerfetzt. Glühende Einzelteile wirbeln über den Main bis nach Schwanheim, wo Fensterscheiben bersten und Türen eingedrückt werden. Eine Wolke liegt über dem Gelände. Das Feuer bedroht andere Lager mit hochexplosiven Stoffen. Feuerwehren aus nah und fern eilen hinzu.

Die Bewohner Griesheims flohen in wilder Panik Richtung Frankfurt. Ihnen entgegen kamen Helfer und Schaulustige. Die Unfallstelle wurde von einem Infanterieregiment weiträumig abgesperrt. Erst nach einem Tag war der Brand vollständig gelöscht.

Die Bilanz des Chemieunfalls war schrecklich. 24 verstümmelte Menschen wurden aus den Trümmern geborgen, überwiegend Arbeiter und auch einige Feuerwehrleute. Sie wurden auf dem Griesheimer Friedhof beerdigt. Die Zahl der Verletzten betrug 200. Eine Spendenaktion zugunsten der Hinterbliebenen erzielte 4 Millionen Euro. Die materiellen Schäden waren durch die Versicherung abgedeckt. Auf die Produktion von Sprengstoff verzichtete das Werk fortan.

Unbegabt
Claras Haus

18.

Westend, Myliusstraße 32

Clara Wieck wurde 1819 in Leipzig geboren. 1831 kam sie mit ihrem Vater nach Frankfurt. Unter seiner strengen Anleitung wurde sie zur Klaviervirtuosin ausgebildet und galt als hochbegabtes Wunderkind. Das Mädchen spielte vor Paganini, Goethe und Liszt. Als Klavierpianistin war sie viel mit ihrem Vater auf Reisen. 1836 verliebte sie sich in Robert Schumann, den sie wegen väterlicher Einsprüche aber erst 1840 heiraten durfte. Das Ehepaar zog nach Leipzig und anschließend nach Düsseldorf.

In ihren späteren Jahren zog es die große Pianistin zurück nach Frankfurt. Sie bewarb sich 1878 als Erste Klavierlehrerin am Hoch`schen Konservatorium. Nach Antritt dieser Tätigkeit verbrachte sie die letzten 18 Jahre ihres Lebens in Frankfurt. In der Myliusstraße 32 erwarb sie ein Haus im schönen Frankfurter Westend mit damals bester Stadtrandlage. Hier umgaben sie ihre Kinder Marie, Eugenie und Felix und die Enkel Ferdinand und Julie. Die Töchter Marie und Eugenie waren ebenfalls als Klavierlehrerinnen tätig. Der Tod des Sohnes Felix, erst 24-jährig im Februar 1879, bedeutete für Clara Schumann einen schweren Schlag. Felix Schumann wurde auf dem Frankfurter Hauptfriedhof begraben. Die Pianistin gab 71-jährig im Jahr 1891 ihr letztes Konzert. Sie starb im Jahre 1896 und wurde in Bonn an der Seite ihres Gemahls beigesetzt.

Das Haus mit einem schönen Portal wurde um 1900 von der seit 1790 in Frankfurt ansässigen Familie Flersheim erworben. Das Porträt der Clara Schumann ziert den letzten deutschen 100-Mark-Schein.

Unruh
Der Dichter im Rententurm 19.

Innenstadt, Fahrtor 2

Künstler scheinen mit Vorliebe in Türmen zu wohnen. Michel de Montaigne zog sich in den Bibliotheksturm seines Schlosses zurück, Friedrich Hölderlin verbrachte Jahrzehnte in einem Tübinger Turm, Paul Hindemith bewohnte den Frankfurter Kuhhirtenturm (101 Unorte, S. 100) und der Rententurm des Saalhofs beherbergte Fritz von Unruh (1885-1970).

Der aus preußischem Adel stammende Dichter war im ersten Weltkrieg Bataillonskommandeur. Der konservative Junker wandelte sich dort zum pazifistischen Demokraten. Schon 1911 schrieb er Theaterstücke, die verboten wurden. Das Grauen des Krieges verarbeitete er in pathetischen Gedichten und Erzählungen. Dafür stand er zweimal vor dem Kriegsgericht.

Nach dem Krieg war Unruh ein angesehener Dichter. Zahlreiche Bühnen spielten seine Dramen. Die Stadt Frankfurt bot dem Schriftsteller 1927 den Rententurm als Wohnung auf Lebenszeit an. Im Umfeld der Komödie „Zero" im Frankfurter Schauspielhaus 1932 kam es zu Tumulten. Darin formuliert er den weitsichtigen Satz: „Auf dem Potsdamer Platz werden Schafe weiden ..." Die NSDAP forderte die Aufhebung des Wohnrechts im Rententurm. In seine Wohnung wurde eingebrochen und sie wurde geplündert. Seine Werke waren Teil der Bücherverbrennungen. Er fühlte sich nicht mehr sicher und emigrierte in die USA.

Auf Bitte von Walter Kolb kam er 1948 wieder nach Frankfurt. Er erhielt den Goethepreis und hielt die Rede zum 100. Jahrestag der Deutschen Nationalversammlung. In der restaurativen Gegenwart der 1950er Jahre fühlte er sich dauerhaft unwohl.

Unerfüllt
Die Dichterin vom Rossmarkt

Innenstadt, Kaiserstraße 1

Der Dolch hatte einen silbernen Griff. Damit erstach sich im Juli 1806 am Rheinufer zu Winkel die 26-jährige Dichterin Karoline von Günderrode. Sie war zerrissen zwischen unerfüllter Liebe und unerreichbarer Lebensfreiheit.

Karoline von Günderrode, aus vornehmer, aber mittelloser Familie stammend, war seit ihrem 17. Lebensjahr evangelisches Stiftsfräulein. Sie bewohnte das Cronstetten-Hynspergische Adelige Damenstift in Frankfurt. Die Damen verfügten über monatlich 11 Gulden Taschengeld. Die Günderrode widmete sich intensiv der Philosophie, Literatur und Mythologie. Berühmt wurde sie als bedeutendste Dichterin der europäischen Romantik.

Die verwinkelten Bauten des Kranichhofs am Rossmarkt hatte 1764 schon Joseph II. bewohnt, als er zum Kaiser gekrönt wurde. Ihm verdankte das Haus die Kaisertreppe und das prächtige schmiedeeiserne Portal. 1766 wurde dieses Haus an der Ecke Rossmarkt/Kaiserstraße von der Cronstetten-Stiftung erworben. Nach hinten hinaus gab es einen schönen Garten, auf den der junge Goethe neidvoll hinüberblickte.

Des Stiftsfräuleins erster Verehrer war 1799 der Jurist Friedrich Carl von Savigny. Drei Jahre später bedrängte Clemens Brentano sie mit erotischen Liebesbriefen. Auf einem Ausflug lernte sie im August 1804 den mit einer 17 Jahre älteren Frau verheirateten Philologen Friedrich Creutzer (1771-1853) kennen. Zwei Jahre lebten sie mehr oder weniger zu dritt. Auf seine Entscheidung zur Trennung hin brachte sie sich um.

Unstet
Eibe auf Wanderschaft

21.

Westend, Siesmayerstraße 61

1907 gab es die prominenteste Baumverpflanzung in der Geschichte Frankfurts. Es ging um eine alte Eibe (Taxus baccata), die an der Stiftstraße am Eschenheimer Tor stand. Die Frage war: fällen oder versetzen? Es siegte die Liebe zur Natur. Allein die Vorbereitungen zur Verpflanzung nahmen drei Jahre in Anspruch.

Die Aktion ging folgendermaßen vor sich. Der Baum, samt Wurzelballen 800 Zentner wiegend, wurde ausgegraben. Aufrecht kam er in eine riesige Kiste, darunter Bohlen und Rollen aus Walnussholz. Die mussten vorne immer wieder untergeschoben werden. Zwei Dampfwalzen zogen das Gebilde. Der Baum rollte durch die Hochstraße, passierte die Alte Oper, bewegte sich durch die Leerbachstraße in den Grüneburgweg und an dessen Ende in den Palmengarten. Die Gesamtstrecke betrug ca. 3,5 km.

Der Transport wurde zum Medienereignis. Baumversetzungen in dieser Dimension hatte es bis dato in Frankfurt noch nie gegeben. Ansichtskarten zeigten die Baumkiste auf Rollen vor der Oper. Die Bewohner der betroffenen Straßen schmückten ihre Balkone mit bunten Bändern, dem Baum zum Gruße. Die Reise nahm 18 Werktage in Anspruch. Am Ziel wurde das gute Gewächs langsam in ein riesiges Loch im heutigen Palmengarten gesetzt. An dessen nördlichem Rand steht sie noch heute. Ihr Alter wird auf 400 Jahre geschätzt. Damit wäre sie eine der ältesten Eiben in Deutschland.

Unterbruch
Der Eisenbahndurchbruch 1901

22.

Bahnhofsviertel, Bahnhofsplatz

Ein kurioses, fast amüsantes Eisenbahnunglück ereignete sich am 6. Dezember 1901, dem Nikolaustag, auf dem Frankfurter Hauptbahnhof. Morgens früh traf der verspätete Expresszug aus dem belgischen Oostende ein. Er sollte weiter über Nürnberg nach Wien fahren. Hier bestand Anschluss über Budapest nach Konstantinopel. Zu dieser frühen Stunde war der Bahnhof nahezu menschenleer. Ein Glück. Denn der Zug bremste nicht oder bremste viel zu spät. Jedenfalls kam er mit geschätzten 70 Stundenkilometern in die Halle gerast. Er fuhr auf dem damaligen Gleis 2, wo sich heute Gleis 4 befindet.

Die Dampflokomotive überfuhr den Prellbock, passierte den Querbahnsteig und zerstörte einen Zeitungskiosk. Auch die 1,20 m dicke Fassadenmauer des Frankfurter Hauptbahnhofs hielt dem Aufprall nicht stand, stoppte aber die Wucht. Ein Loch von zehn Metern Breite und zwölf Metern Höhe war das Ergebnis. Hätten die Steine die Lokomotive nicht gestoppt, dann wäre sie vorne auf dem Bahnhofsvorplatz wieder herausgekommen.

So aber blieb sie in den Wartesälen erster und zweiter Klasse endlich stehen. Dort befanden sich an diesem Morgen nur 13 Menschen. Weder ein Wartender noch ein Reisender wurden von der Lokomotive verletzt oder gar getötet. Die Räume waren völlig verwüstet. Überall flogen Romane und Zeitschriften herum. Nach Aussage des Zugführers hatten die Luftdruckbremsen versagt. Der Wahrheitsgehalt dieser Behauptung konnte nicht überprüft werden. Der Lokführer wurde zu einer Geldstrafe in Höhe von 100 Mark verurteilt.

Unbenannt
Eiserne Hand

23.

Nordend, Eiserne Hand

Manche Straßennamen erklären sich leicht; Persönlichkeiten, Städte oder Vororte ergeben den Namen einer Straße. In der Altstadt gab es Gassen mit solch schönen Namen wie Citronengässchen, Kaffeegasse, Karpfengasse, Kornblumgasse, Papageigasse oder Mohrengässchen. Das erklärt sich fast von allein. Aber schon bei Blauhandgasse oder Ziegelgasse wird es schwieriger. Die Blauhandgasse erhielt ihren Namen nach den blauen Händen der Drucker, die Ziegelgasse nach den Bettbezügen, die hier aus den Stoffen geschneidert wurden, die von den schnurrenden Webstühlen der Schnurgasse kamen.

Oder das Scharfengässchen, nach der Familie Scharf, die in der Gasse ein Gasthaus hatte. Schön ist auch der Name „Neue Häringshock", von den auf Körben hockenden Marktfrauen, die Heringe verkauft haben. Aus dem Säuplätzchen wurde übrigens die Freßgass. Die Bedeutung so mancher Straßennamens der Altstadt bleibt im Dunkeln, wie Flarmaulsgässchen, Filgesgässchen oder Happelsgasse.

Andere Straßennamen in der heutigen Innenstadt geben ebenfalls Rätsel auf. Die Eiserne Hand im Nordend war tatsächlich ein Hinweisschild in Form einer eisernen Hand, die von der Eckenheimer Landstraße Richtung Friedberger Landstraße zeigte. Ein schwer zu deutender Straßenname ist Unterer Atzemer nach einer alten Flurbezeichnung. Die Wortherkunft kann von atzen = nähren stammen oder einem Eigennamen wie Azzo. Das Affentor könnte nach Aschaffenburg so heißen, schöner wäre es aber, wenn es eine Verballhornung des „Ave Maria" wäre.

Untat 24.
Entführt in Rödelheim

Rödelheim, Eschborner Landstraße 42-50

Der Ort der Untat befindet sich in Rödelheim. Es ist der 1. Oktober 1996. Jakub Fiszman, Geschäftsmann und einer der reichsten Männer Frankfurts, 40 Jahre alt, stieg gerade in sein Auto, einen BMW. Er wollte zu seiner Freundin Petra fahren. Da geschah es. Anwohner hörten Hilferufe. Sie glaubten, drei Autos, einen Mercedes 124, einen weißen VW Golf 3 und einen weißen FIAT-Transporter gesehen zu haben. Der Millionär war gewaltsam überwältigt, dabei verletzt und danach entführt worden.

Am nächsten Morgen meldete er sich telefonisch, gezwungen von den Entführern. Er säße in einem Keller, gefesselt, und würde für dreieinhalb Millionen D-Mark wieder freigelassen. Als Übergabeort nannte er zuerst einen Autobahnparkplatz zwischen Frankfurt und Offenbach. Schließlich stellte Georg Fiszman, der Bruder des Entführten, eine Tasche mit 4.000 Tausend-Mark-Scheinen auf einem Parkplatz bei Idstein ab. Die Verbrecher kassierten das Geld, ließen Fiszman aber nicht frei.

Knapp drei Wochen nach der Entführung fand die Polizei die Täter, den Entführten und das Lösegeld. Rainer Köppen (49) hatte Jakub Fiszman mit einem Spaten erschlagen. Seinen Leichnam hatte er im Hintertaunus zwischen Reckenroth und Michelbach vergraben. Der an der Entführung beteiligte Sohn Sven Köppen (27) gab das Versteck des Lösegelds preis.

Rainer Köppen erhielt „lebenslänglich" mit anschließender Sicherheitsverwahrung. Der Sohn bekam eine Gefängnisstrafe von 12 Jahren und wurde 2006 freigelassen. 2010 beging er Selbstmord.

Unbiegsam
Erste Eisenbahnbrücke

Nied, Denzerstraße

Die beiden Frankfurter Bankhäuser-Gebrüder Bethmann und Rothschild gründeten 1835 ein Konsortium zur Errichtung der Taunus-Eisenbahn. Die Aktien waren sofort 40-fach überzeichnet. Mit den ersten Arbeiten wurde 1837 begonnen. Die Strecke von Frankfurt nach Wiesbaden hatte eine Länge von 41,2 km. Architekt der Taunus-Eisenbahn war der in Mainz gebürtige bayrische Baurat Paul Camille von Denis. Auf seiner Planung beruht auch der erste deutsche Schienenweg von Nürnberg nach Fürth.

Das Teilstück von der Freien Stadt Frankfurt nach Höchst, damals im Herzogtum Nassau gelegen, wurde am 26. September 1839 eröffnet. Bei Nied überquerte dieser Abschnitt der Taunus-Eisenbahn die Nidda mit einer Bogenbrücke. Der Schienenweg erreichte am 24. November 1839 Hattersheim und am 19. Mai 1840 seine Endstation, den Wiesbadener Taunusbahnhof.

Die Eisenbahnbrücke von Nied wurde 1838 erbaut. Sie hat drei Bögen mit jeweils 10 Metern lichter Breite und eine Gesamtlänge von 40 Metern. Das Gewölbe und die beiden Flusspfeiler bestehen aus rotem Sandstein. Bei ihrer Erbauung war sie bereits zweigleisig ausgelegt. Die Ergänzung um das zweite Gleis erfolgte 1869.

Wegen der Überschwemmungsgefahren und des Eistreibens waren Pfeiler und Widerlager der Brücke mit Pfählen in tiefen Schichten verankert. Die Statik der Brücke blieb seit Errichtung unverändert; es gab nur einige kleinere Sanierungsarbeiten. Die Brücke ist seit 174 Jahren ohne Unterbrechung in Betrieb und damit ist sie die zweitälteste noch befahrene Eisenbahnbrücke Deutschlands.

Unnötig
Fachwerkhaus am Museum

26.

Innenstadt, Fahrtor

Die Altstadt im Wandel, das passt für Frankfurts innersten Kern eigentlich immer. Die Vorstellung, dass es sich bei der Frankfurter Altstadt vor dem Zweiten Weltkrieg um ein homogenes „gotisches" Architekturensemble handelte, ist ebenso hartnäckig wie falsch. Im alten Frankfurt gab es Gebäude aus allen Epochen; Bauen und Verändern hatte in der Stadt Tradition.

Bei der Zerstörung der Stadt war ein Großteil der Fachwerkbauten abgebrannt. Allerdings nicht alle und überall. Es blieben einzelne unzerstörte Inseln in der Stadt stehen. Herausragendes Beispiel hierfür ist der Nürnberger Hof, der von der Gasse Alter Markt über die Braubachstraße bis etwa zur Mitte der heutigen Berliner Straße reichte. Ein fast komplett erhaltener mittelalterlicher Messehof wurde für die „verkehrsgerechte" Stadt zerstört. Ebenfalls für die Verlängerung der Berliner Straße wurde die gotische Weißfrauenkirche abgerissen.

Ein kleines Beispiel der Selbstzerstörung nach 1945 ist jenes Fachwerkhaus, das am Südende des Römerberges gegenüber des Hauses Wertheim stand. Das Gebäude überstand den Krieg, da es während der Angriffe mit Wasser besprüht wurde, um den wichtigen Platzausgang Richtung Main zu schützen. Das Fachwerkhaus wurde, anders als die heute erhaltenen fünf historischen Gebäude des Ensembles des Historischen Museums, ohne wirkliche Not abgerissen. Wir Frankfurter können so etwas: Ein historisches Fachwerkhaus abreißen, um an gleicher Stelle ein Historisches Museum zu errichten, das inzwischen abgerissen wurde, um wieder durch ein neues Historisches Museum ersetzt zu werden. Darin werden nun Fassadenteile einiger Frankfurter Bauten zu sehen sein. Frankfurt eben.

Untendrunter
Fassbinders Wohnung

27.

Innenstadt, Alte Gasse 33-35

Schäbig würde man heute die kleine Seitenstraße der Alten Gasse nennen, die auf einen Schulhof führt. Die alte „Bleichgarten Gasse" heißt heute Alte Gasse und ist deren Appendix. Hier im Haus Nummer 33-35 wohnte in den Jahren 1974 und 1975 Rainer Werner Fassbinder. Es war eine spannende und praktische Umgebung für den bekannten Film- und Theaterregisseur.

Das Theater am Turm war nicht weit, wo Fassbinder Mitintendant und Regisseur war. Eines der beliebtesten Lokale der Schwulenszene jener Jahre, das „Comeback", befand sich unter seiner Wohnung. Das Bier kostete 2 DM. Eine perfekte Lage für alle Dinge des Lebens. Alice, die strenge Chefin und Wirtin des Lokals, und ihr Kellner Franz standen im Mittelpunkt der Nachtschwärmer.

Das Comeback war damals das Wohnzimmer für viele, die nach dem ersten Bierchen noch weiter um die Häuser ziehen wollten. Hier wurde geredet, politisiert, geflirtet. Das Lokal war für die Jahre nach dem Fall des §175, der Sexualität zwischen Männern unter Strafe stellte, ein Ort der Unbeschwertheit und des Aufbruchs in eine scheinbar grenzenlose sexuelle Freiheit. Sicher, man hörte noch von „Rosa Listen", die bei der Polizei geführt wurden, aber die allgegenwärtige Angst, denunziert zu werden oder sich strafbar zu machen, war erst einmal vorbei. Das Comeback ist heute das älteste Lokal der immer kleiner werdenden schwulen Lokalszene. Vielfältige Partys und das Internet sorgen für starke Konkurrenz und zwingen immer mehr Lokalbesitzer zur Aufgabe.

Unredlich
Der FAVAG-Skandal

Innenstadt, Taunusanlage

Ein gediegenes Versicherungsgebäude steht repräsentativ an der Ecke Taunusanlage/Guiolettstraße. Hier wurde die Weltwirtschaftskrise von 1929 geboren, jedenfalls für Deutschland. Es geht um den kriminellen Bankrott der „Frankfurter Allgemeine Versicherungs-Aktiengesellschaft", kurz FAVAG, im August 1929. Gegründet 1865 von zehn Frankfurter Kaufleuten als Glasversicherungsgesellschaft, wuchs der kleine Nischenversicherer bald nach 1900 zu einem Versicherungskonzern. Nur die Allianz war größer.

In den Goldenen Zwanzigern stiegen die Umsätze der Versicherungen gewaltig. Um dies fortzuschreiben, verstrickte sich die FAVAG in hochriskante und teilweise kriminelle Geschäfte. Sie versicherte z. B. ein Schiff, das zur Zeit der Prohibition Alkohol in die USA schmuggelte. Die Geschäftsleitung vertuschte diverse Verluste und Erpressungen. Artur Lauinger, Wirtschaftsjournalist der „Frankfurter Zeitung", enthüllte den Skandal. Er klärte Direktion und Aufsichtsrat der FAVAG über die Schieflage des Unternehmens auf. Der Hauptverantwortliche, Generaldirektor Paul Dumcke, hatte sich allerdings wenige Monate zuvor durch Tod der Verantwortung entzogen.

Die FAVAG ging mit einem Defizit von knapp 58 Millionen Reichsmark in Konkurs. Kapital und Reserve von 30 Mio. Reichsmark waren verloren. Der Strafprozess dauerte 72 Verhandlungstage. Die Versicherung wurde von der Allianz übernommen. Der FAVAG-Bankrott war in Deutschland der Vorbote der großen Weltwirtschaftskrise. Mehr als die Hälfte aller Konkurse seit August 1929 standen in Zusammenhang mit dem Zusammenbruch der FAVAG.

Ungelöscht
Der Feuermelder im Dom

Innenstadt, Dom

Feuer war stets eine der großen Bedrohungen der Städte, da sie meist, wie auch Frankfurt, aus Holzfachwerk gebaut waren. In der Kaiserstadt gab es für den Fall eines Feuers klare Bestimmungen. In den 14 Quartieren waren die „Bürger-Capitains" für die Abläufe zuständig. Leitern und Eimer waren vorzuhalten und zu pflegen, Wasser durch Menschenketten schnell zu den Brandorten zu bringen. Die großen Brände der Stadt waren der Judenbrand von 1711 (103 Unorte, Nr. 52) und der Christenbrand von 1719.

Unter der Kuppel des Frankfurter Domturms befindet sich in etwa 80 Metern Höhe die Stube des Turmwächters. Ein Mann, der gute Lungen und Ausdauer brauchte, um seinen Wohn- und Arbeitsplatz zu erreichen. Seine Aufgabe war es, von seinem hohen Beobachtungsposten aus die „Brandglocke" zu schlagen. Durch das Aushängen einer roten Fahne oder nachts durch eine Laterne wies er in die Richtung des Feuers. Ein solcher Alarm sollte ganz Frankfurt aufwecken. 1867 wurde der erste elektrische Telegraf auf dem Dom installiert, der mit der im Karmeliterkloster befindlichen Frankfurter Feuerwache verbunden war. Ironie des Schicksals war es, dass diese Anlage beim Dombrand von 1867 gleich zerstört wurde.

Das nach dem Wiederaufbau des Domturms installierte Gerät war ein Wunderwerk dieser Tage. Der Türmer steckte in eines der 120 Löcher, die jeweils ein Feld der Frankfurter Innenstadt bezeichneten, einen Stift. Nachdem das Gerät auf „Senden" geschaltet wurde, lief in der Feuerwache der Zeiger auf das entsprechende Feld. Ein Blick auf eine Fotografie der Türmerstube aus der Zeit um 1900 zeigt ein gemütliches Zimmer. Der Turmwächter wachte bis 1942 über die Stadt.

Untergegangen
Fischerkahn am Rechneigrabenweiher

Innenstadt, Obermainanlage

Die älteste Zunft in Frankfurt und entlang des Mainlaufs ist die der Fischer und Schiffer. Gegründet 945, erinnert manches in Frankfurt an die historische Zunft. Es gibt die „Große Fischerstraße", die „Fischergewölbe" in der Alten Brücke oder das „Fischerfeld". Der Main war ein fischreiches Gewässer. Es soll etwa 40 Fischarten, Muscheln und Krebse im Fluss gegeben haben. So lag es nah, für die Ernährung der Frankfurter den nachwachsenden Fisch zu nutzen. Die erste Erwähnung der Grünen Soße in einem Frankfurter Kochbuch war übrigens „Grüne Soße mit Fisch".

Die Fischer waren neben ihrem Hauptberuf sehr vielseitig tätig, so als Schiffer, als Sandschöpfer oder im Winter als Eisschneider. Das Eis wurde in die tiefen Keller der Frankfurter Brauereien gebracht, wo es kühl gelagert bis in den Sommer hinein genutzt werden konnte. Auch waren die Fischer im Vergnügungsgewerbe tätig; im Winter verliehen sie Schlittschuhe zum Eislaufen auf dem Main. Ein solcher Schlittschuhläufer war der junge Goethe.

In der Obermainanlage steht am Rechneigrabenweiher ein aus Sandstein hergestellter Fischernachen. Sein Aussehen wurde nach Vorlagen entworfen, wie sie auf historischen Bildern zu sehen sind. Die Nachen hatten einen flachen Rumpf, mit dem sie im häufig eher niedrigen Wasser des Mains gut fahren konnten. Seit 2002 erinnert der vom Städelschüler Michael Siebel gearbeitete Nachen an die Tradition der Frankfurter Fischer. Dieser Nachen mit seinem Gewicht von 5 Tonnen wäre natürlich sofort untergegangen.

Unerlaubt
Das Frankfurter Haus

Stadtwald, Frankfurter Straße 2

Graf Johann Philipp von Isenburg war ein toleranter Herrscher. 1699 erlaubte er französischen Familien, die ihres calvinistischen Glaubens wegen vertrieben worden waren, sich an der Stelle, die heute Neu-Isenburg heißt, anzusiedeln. Sofort legte der Rat der Stadt Frankfurt Einspruch ein und forderte die Einstellung des Vorhabens. Der Grund: Die Siedler könnten sich am Holz des Frankfurter Stadtwalds vergreifen. Der Graf ließ sich nicht beeindrucken.

Als Antwort erbaute Frankfurt unmittelbar an der Staatsgrenze ein Forsthaus, das Frankfurter Haus. Der Förster hatte die Aufgabe, Waldfrevel, insbesondere Holzklau der hugenottischen Siedler zu verhindern. Das Haus war 1701 fertig und der Förster hatte eine gute Sicht auf die Neu-Isenburger. Einen Sold bekam er nicht, aber etwas Besseres: das Schankrecht. Jetzt war das Frankfurter Haus, aus Sicht der Hugenotten, ein zweifacher Unort. Es versperrte ihnen den Wald und es verleitete die Bevölkerung zum Trunk.

Genauso kam es. Streng, wie Calvinisten nun einmal sind, war ihnen Tanzen nur einmal im Jahr erlaubt und Ausschank während des Gottesdienstes verboten. Folglich gingen die Isenburger in Scharen zum Frankfurter Haus. Allabendlich machten sich 20 bis 30 Personen auf den kurzen Weg. Auch ein Befehl des Amtmanns zu Offenbach, bei einem Gulden Strafe das Tanzen und Saufen auf dem Frankfurter Haus zu verbieten, schränkte das unerlaubte Treiben nicht ein. Noch heute ist das Haus für die Neu-Isenburger zugänglich, aber erlaubtermaßen.

Unterlauf
Frankfurts tiefste Stelle 32.

Sindlingen, Mainufer

Wenn man Frankfurts tiefste Stelle sucht, dann muss man nur lange genug am Main entlangspazieren. Oder das Fahrrad nehmen. Der tiefstgelegene Punkt Frankfurts ist das Sindlinger Mainufer unterhalb von Flusskilometer 20. Wir befinden uns hier auf 88 Metern über Normalnull. Bei seiner Einmündung in den Rhein befindet sich der Main auf 82 Metern über Normalnull.

Der Main erreicht die Stadt Offenbach auf Höhe der Rodaumündung noch bei einer Höhe von 98 Meter über NN. Auf 30 Flusskilometern sinkt er um 10 Meter. Dabei haben allerdings die Schleusen ihre Hände im Spiel. Die Staustufe Offenbach hat eine Fallhöhe von 3,18 m und die Staustufe Griesheim eine von 4,48 m. Auf Frankfurterischem Gebiet wird der Main von rechts um die Flüsse Riedgraben, Lachegraben (101 Unorte, S. 102), Nidda und Liederbach bereichert. Linksmainisch kommt es zum Einfluss von Buchrainbach, Luderbach und Kelster.

Schaut man sich an Frankfurts tiefster Stelle um, dann schweift der Blick über die Sindlinger Mainwiesen. Vor uns liegt das Klärwerk am Roten Weg. Jenseits der Grenze zu Okriftel überquert die Hochspannungsleitung den Main, dahinter mündet der Schwarzbach. Diese Wiesen zwischen L 3006 und Main überschwemmt der Main gerne bei Hochwasser. Mainaufwärts begrenzt die Brücke der autobahnähnlichen B 40 den Blick. Dahinter beginnt der Sindlinger Feierabendweg, dessen Bewohner sich mehrfach mit Sandsäcken gegen den Main wehren mussten. Gegenüber auf der linken Mainseite liegt die Kelsterbacher Neustadt auf einer Terrasse über dem Fluss.

Ungeahndet
Französischer Massenmord

33.

Innenstadt, Hauptwache

Eine Folge des verlorenen Krieges war die von 1919 bis 1930 dauernde Besetzung des Rheinlandes durch französische Truppen. Die deutsche Bevölkerung leistete passiven Widerstand. Vereinzelt kam es zu Übergriffen der Soldaten auf die Zivilbevölkerung. Separatistische Bestrebungen mit dem Ziel, das Rheinland politisch von Deutschland zu trennen, wurden von den französischen Behörden wohlwollend gesehen.

Frankfurt war eine Grenzstadt zum besetzten Gebiet. Nur kurze Zeit, vom 6. April bis zum 27. Mai 1920, war die Stadt besetzt. Aus Algerien stammende Einheiten französischer Soldaten bezogen an der Hauptwache Stellung. Sie wurden von einer großen Menge Schaulustiger bestaunt. Und fühlten sich bedrängt. Am Tag nach dem Einmarsch, dem 7. April, geschah das Unglück. Ein Unterleutnant der französischen Soldaten verlor in dieser Situation die Nerven. Er schoss mit einem Maschinengewehr in die umstehende Menschenmenge.

Der Mann richtete ein Blutbad an. Acht Menschen lagen leblos vor der Hauptwache. 26 Personen wurden zum Teil schwer verletzt. Der Apotheker Karl Kunze, des Französischen mächtig, beendete durch Zurufen das Schießen. Der Vorfall wurde im ganzen Reich, und auch von der ausländischen Presse, als Massenmord bewertet.

Die französische Besatzungsmacht tat alles in ihrer Macht Stehende, um das Ereignis zu vertuschen. Es blieb ungeahndet. Berichterstattungen der Presse wurden mit Zensur verhindert und mit Geldstrafen belegt. Telefonleitungen und Telegrafen wurden abgeschnitten, damit keine Wortmitteilungen über das Geschehen an die Außenwelt gelangten.

Unfriede
Die Friedensbrücke

34.

Innenstadt, Friedensbrücke

Goebbels schäumte. Frankfurt war kampflos in amerikanische Hand geraten. Die Frankfurter waren, so Goebbels, „außerordentlich feige und unterwürfig". Gauleiter Jakob Sprenger war „abgehauen, bevor der Feind überhaupt in Sicht war". Der Reichspropagandaminister sprach eine der hervorstechendsten Eigenschaften des Frankfurters an: Er ist nämlich eher unkriegerisch.

Zuerst hatte Gauleiter Sprenger befohlen, dass die Bewohner Frankfurt halten sollten, dann doch räumen. Kaum einer ging. Nur der Gauleiter selbst, stark alkoholisiert. Dabei hatte Hitler noch befohlen, jeden zu hängen, der keinen Widerstand leistete. Alle Brücken über den Main waren gesprengt. Nur eine nicht, die Wilhelmsbrücke. Hierüber rollten am 26. März 1945 gegen 17 Uhr amerikanische Panzer, von Kelsterbach über Niederrad kommend. Sie wurde jetzt umbenannt in „Golden Gate Bridge".

Der deutsche Oberbefehlshaber Generalfeldmarschall Kesselring befahl einen Gegenangriff zur Rückeroberung der Brücke. Die Stadtkommandanten in der Taunusanlage 12, Generalmajor Stemmermann und Oberstleutnant Löffler, boykottierten den Kampf „bis zum letzten Mann", um unnötiges Blutvergießen zu vermeiden. Nach weniger als zwei Tagen war der Kampf um Frankfurt beendet.

1950 wurde die Wilhelmsbrücke abgebrochen und neu erbaut. Jetzt bekam sie den Namen „Friedensbrücke", dank ihrer Leistung bei der Befreiung Frankfurts durch die Amerikaner.

Ungebaut
Die Fuge der Brücke

Innenstadt, Alte Brücke

Kein Geld – Kommunalpolitik ohne diesen Stoßseufzer gibt es nicht. So war es in Frankfurt oft. Die Alte Brücke ist seit Jahrhunderten ein Beispiel hierfür. Immer wieder musste an der Brücke gebaut werden. Mal beschädigte Treibeis oder Hochwasser die Brücke, mal nahm der Verkehr überhand, stets nagte der Zahn der Zeit an ihr.

Die alte „Alte Brücke" existiert schon seit 1914 nicht mehr. Mit der Einweihung des Osthafens 1912 war klar, dass für die größer werdenden Schiffe eine neue Brücke hermusste. Dem Abriss folgte eine Notbrücke. Krieg und Inflation verzögerten den Neubau. Erst 1924 wurde nach den Plänen von 1914 damit begonnen. Allerdings in einer „Sparversion". Als man mit dem Brückenbau auf der Sachsenhäuser Seite begann, wurden die ersten drei Bögen nur mit einer Breite von vierzehn Metern ausgeführt. Doch da Frankfurt schnell wuchs, wurde die Brücke dann, wie ursprünglich geplant, neunzehn Meter breit angelegt. Diese Entscheidung kann man an der Fuge im südlichsten Brückenbogen gut erkennen. An die in Sandstein ausgeführten Quader der ersten Breite wurde später die Brücke in der neuen Breite erweitert.

Eine ähnliche Verbreiterung erlebte die Brücke nach dem Zweiten Weltkrieg. Von den Deutschen gesprengt, wurde nach dem Krieg ein schmaler Holzsteg für den Verkehr über Pontons eingefügt, 1947 hängte man eine provisorische Eisenkonstruktion zwischen die verbliebenen Pfeiler ein. Provisorien halten bekanntlich lang. Erst 1965 wurde das heute noch bestehende Stahlmittelteil der Brücke eingefügt.

Unkraut
Gärtnersiedlung „Im Teller"

36.

Oberrad, Im Teller

Ab 1925 veränderte Frankfurt, mal wieder, sein architektonisches Gesicht. Der Frankfurter Stadtbaurat Ernst May führte eine Gruppe von Planern und Architekten an, die innerhalb weniger Jahre mit über 25 Siedlungen und vielen spektakulären Einzelbauten Frankfurt veränderten. Eine dieser Siedlungen ist „Im Teller" in Oberrad. Hier trat eine Gärtnersiedlungsgenossenschaft als Bauherr auf, um für die Kräutergärtner Oberrads einen neuen Komplex für Wohnungen und Arbeitsstätten errichten zu lassen. Die 20 Gebäude im acht Hektar kleinen Gärtnerdorf entstanden nach den Plänen des Architekten Franz Roeckle (1879-1953), der auch die Westendsynagoge (102 Unorte, Nr. 38) entworfen hatte. Hinter den Häusern befanden sich große Flächen für die ca. 800 qm großen Erdgewächshäuser und Beete.

Erklärungsbedürftig ist der Name der Gärtnersiedlung „Im Teller". Sprachhistorisch muss man hierfür etwas weiter zurückschauen. Das Wort stammt von der einstigen Bezeichnung der Erlenbäume ab. Sie wurden als „Elderenbaum" oder „Elsenboem" bezeichnet. Später als „Ellern". Daraus wurde 1703 erstmals dokumentiert „Dellern" und schließlich „Teller". Der Frankfurter nimmt es mit der Aussprache manchmal nicht so genau.

Oberrad wurde im Zweiten Weltkrieg besonders hart getroffen. Wahrscheinlich vermuteten die Geheimdienste der Alliierten, dass sich unter den Glasflächen der Oberräder Gewächshäuser Rüstungseinrichtungen befanden. So kam es 1943 und 1944 zu groß angelegten Bombardements, bei denen etwa 90 Prozent Oberrads zerstört wurden.

Ungekocht
Die Gaspassage

Innenstadt, Kaiserstraße 10

Wir sind in den goldenen 20er Jahren. Der Gasbedarf in Frankfurt war groß. Denn die Frankfurter Küche, Mutter aller Einbauküchen, entworfen von der Architektin Margarete Schütte-Lihotzky, war mit einem Gasherd ausgestattet. 1927 wurde die deutsche Hausfrau als mächtiger Kunde ins Visier der „Frankfurter Gasgesellschaft" genommen. Konnte man doch mit einem Kubikmeter Gas 20 Herrenhemden mit Gasbügeleisen plätten oder 85 Bubiköpfe mit Gasbrennschere frisieren.

Zwecks persönlicher Fühlungnahme mit den Kundinnen wurde am Hauptsitz der Gasgesellschaft in der Kaiserstraße 10 die „Gaspassage" eingerichtet. So lautete ein großer Schriftzug über dem Eingang. In diesem öffentlichen Durchgang zur Großen Gallusstraße 5 stand mittig Gasherd an Gasherd. An den Seiten befanden sich links die Verkaufsschalter und rechts die Kleingasgeräte. Technisch begabte Mitarbeiterinnen des firmeneigenen Hausfrauendienstes erläuterten den interessierten Damen das Angebot. Getrennt nur durch eine Glaswand fanden Kochkurse statt, in einer komplett mit Gasgeräten ausgestatteten Lehrküche. Der Hausfrauendienst trug so maßgeblich zum ökonomischen Erfolg der Frankfurter Gasgesellschaft bei.

Der Bombenangriff vom 22. März 1944 bedeutete die vollständige Zerstörung der Maingaswerke. Die „Gaspassage" hörte auf zu bestehen.

Ungeöffnet
Gasthaus „Zum Elephant"

Innenstadt, Elefantengasse 1

Bis zur Errichtung der Anatomie Johann Christian Senckenbergs (103 Unorte, Nr. 88) waren die Orte für die Sektion der Leichen in Frankfurt schummerige Orte. In Kellern, alten Klostergebäuden oder wo es sonst praktisch schien, wurden die Leichenöffnungen vorgenommen. Eines der Gebäude, dessen Keller für solche Zwecke genutzt wurde, war das Gasthaus „Zum Elephant" in der heutigen Elefantengasse 1. Die Gasse entstand im 16. Jahrhundert als Zugang zum Pfauhof, einem der vielen innerstädtischen Höfe.

Doch zurück zum Keller des Hauses und der Nutzung als Sektionsraum. Mit der italienischen Renaissance wurde die Untersuchung des leblosen Körpers zur Wissenschaft. Das Christentum verlangte aber, dass ein Mensch nach seinem Tode ganz und unzerstört in die Erde zu kommen hatte. Man behalf sich daher mit Tier-Sektionen oder mit der Untersuchung von Leichen der Hingerichteten.

Im 18. Jahrhundert, im Zeitalter der Aufklärung, wurde vermehrt obduziert. Nach Verbrechen oder bei unnatürlichen Todesfällen wurde eine Obduktion obligatorisch. Dem Kind, das Susanna Margarete Brand im Sommer 1771 umgebracht hatte, wurde die Lunge entnommen und in Wasser gelegt, um zu sehen, ob diese schwamm. War dies der Fall, hatte das Kind nach der Geburt gelebt, denn die Lungenbläschen waren mit Luft gefüllt. So konnte festgestellt werden, dass das Kind umgebracht worden war und nicht, wie von der Mutter behauptet, tot zur Welt gekommen war. Bis 1768 wurde der Keller des Gasthauses Elephant für Obduktionen genutzt; dann wurde die Senckenbergische Anatomie eröffnet.

Die Gefährten

März 1954 3. Jahrgang DM 1,—

Unbehaart
„Die Gefährten"

Westend, Bockenheimer Landstraße 35

Bückware bedeutete in der DDR, dass der Verkäufer sich bücken musste, um unter der Theke Verstecktes guten Kunden zu verkaufen. Bückware in Frankfurt in den 50er Jahren bedeutete etwas anderes. Verbotene oder unerwünschte Zeitschriften lagen dort, um nur an Männer verkauft zu werden.

Man war vorsichtig, denn etwa 1959 wurden von westdeutschen Gerichten 3.530 Männer wegen ihrer von der Norm abweichenden Sexualität verurteilt. Der in der NS-Zeit verschärfte §175 galt natürlich noch. Nach dem Krieg gründete der „Frankfurter Verein für humanitäre Lebensgestaltung" die Zeitschrift „Die Gefährten. Monatszeitschrift für Menschlichkeit, Wahrheit und Recht". Auf dem Titel war zu lesen: „Verkauf an Jugendliche verboten". Zeitschriften wie „Die Gefährten" oder das Hamburger Blatt „Der Weg" hatten eigentlich wenig zu verbergen: Zarte Erotik, vorsichtige Gedichte, Schwarz-Weiß-Fotos von Männern und wenige Hinweise auf Veranstaltungen.

Darüber hinaus aber auch Protest gegen die Verfolgung schwuler Männer. Zudem Handlungsanweisungen, was zu tun ist, wenn man verhaftet wird, was man sagen darf und was nicht. Zeitzeugen berichteten, dass die Polizei in den 50er Jahren in Frankfurt überaus hart durchgriff. Der Frankfurter Verein für humanitäre Lebensgestaltung hatte sein „Vereinslokal" in einer klassizistischen Villa des 19. Jahrhunderts an der Ecke Bockenheimer Landstraße 35, Niedenau. Im „Klub", täglich geöffnet, gab es ein umfangreiches Kultur-, Film- und Unterhaltungsprogramm. Ein Ort, der den Schwierigkeiten des schwulen Lebens einen selbstbewussten Gegenpol setzte.

Unsolide
Geschützbunker bei Senger

40.

Bornheim, Valentin-Senger-Straße

Es ist schon ein Witz: Ausgerechnet an der Straße, die dem pazifistischen Frankfurter Schriftsteller Valentin Senger gewidmet wurde, ist eines der wenigen militärischen Relikte des Zweiten Weltkrieges in Frankfurt erhalten geblieben. Etwas schamhaft schaut der Kopf eines unterirdischen Geschützbunkers aus einem Gebüsch auf einem friedlichen Kinderspielplatz heraus.

Deutlich zu erkennen ist unter dem verwitterten Betonkopf das Baujahr 1944 und darunter eine heute zugemauerte Öffnung, die Schießscharte. Unter dem massiven, schützenden Betonkopf verliefen die Gänge, die zu dem Kampfraum mit der Scharte führten. Die üblicherweise eingebauten Kanonen oder Flakgeschütze hatten, um die Soldaten zu schützen, Schilde aus zentimeterdicken Stahlplatten.

Dass sich an dieser Stelle eine solche Anlage befand, machte strategisch Sinn, denn das Gelände fällt vor dem Bunker Richtung Bornheim ab. Dahinter befand sich bis vor wenigen Jahren ein in den 1930er Jahren errichtetes Kasernengebäude. Frankfurt wurde auf Initiative des Oberbürgermeisters Friedrich Krebs zur Garnisonsstadt ausgebaut. Im Norden Frankfurts, hier in der Nähe der Friedberger Warte, am Marbachweg und an der Gießener Straße, wurden Gebäude für den künftig zu führenden Krieg errichtet. Das Gelände dieses Kasernenbaus wurde später durch die US-Armee genutzt. Seit dem Abzug dieser Streitkräfte wich es einer Wohnbebauung.

Uneindeutig
Welcher Ginkgo ist es?

Nordend, Bethmannpark

Gerne zitieren die Frankfurter die Verse „Dieses Baums Blatt, der von Osten ...", also die erste Zeile des 1815 entstandenen Gedichts Goethes über den Ginkgo-Biloba. Doch wo stand der Baum, dessen Blatt Goethe so geheimnisvoll fand? Der Frankfurter neigt zur Gerbermühle. Hier, in der Mühle der Willemers, entstanden während der kurzen Freundschaft von Marianne von Willemer und Johann Wolfgang Goethe nicht nur Gedichte.

In Frankfurt gibt es mehrere alte Ginkgobäume, die als Inspirationsort für das Ginkgo-Gedicht in Frage kämen. Zum Beispiel am Ort des Museums für Angewandte Kunst im alten Park des Frankfurter Apothekers Salzwedel. Weitere Standorte alter prachtvoller „Ginkgo Biloba" in Frankfurt sind im Nizza, im Palmengarten oder aber am ehemaligen Schloss in Frankfurt-Rödelheim (101 Unorte, Nr. 78). Alles Orte und Plätze, zu welchen Goethe oder die Familie einen Bezug hatte. Der Frankfurter gibt gern Zeichen oder Hinweise, die den Wissenden erbauen, und so setzt sich die Reihe fort. Eine Anzahl junger Ginkgo-Bäume befindet sich an der Henschelstraße im Ostend, auf einem Weg, den Goethe nach Offenbach genommen haben könnte, andere vor der Katharinenkirche, wo der Dichter getauft wurde, und auf dem Römerberg vor der Alten Nikolaikirche.

Im Garten der Bethmanns stand wahrscheinlich eines der ältesten Ginkgo-Exemplare Frankfurts. Um 1780 gepflanzt, könnte das Auge des Dichters auf ihnen geruht haben. Die heute im Bethmannpark wachsenden Ginkgo-Bäume sind aus der Zeit vor 1860, ihre Vorgänger könnten zur Zeit des Gedichtes schon hier gestanden haben.

Unsicher
Der Goetheturm

42.

Sachsenhausen, Zum Goetheturm 1

Bei Selbstmördern ist es nicht unbeliebt, das heute fünfthöchste Holzbauwerk Deutschlands. Genaue Zahlen gibt es nicht, aber es ist von mehreren Suiziden pro Jahr die Rede. Die Erfolgsquoten der Selbstmörder werden, wie auch im Schienenverkehr, nur ungern kommuniziert. Er heißt „Goetheturm", wurde aber von dem Dichter nie bestiegen. 1867 entstand hier ein erster Holzturm von 22 Metern Höhe. Ein neuer Turm wurde 1931 aus 150 Jahre alten Kiefern des Stadtwaldes erbaut. Er hat eine Höhe von 43,3 Metern bei einem Standpunkt von 147 Metern über NN. Bei Regen und Sturm ist er nicht unproblematisch zu besteigen. Bei winterlicher Vereisung ist er ganz gesperrt.

Stadtrat Ernst May dachte eigentlich an eine Stahlkonstruktion. Doch Holz war billiger. Der Stifter des Goetheturms an einer Stelle, wo Goethe vielleicht nie war, blieb anonym. Erst 1948 gab seine in New York lebende Witwe den Namen bekannt: Es war der jüdische Kaufmann und Kommerzienrat Gustav Gerst. Er stellte 28.000 Reichsmark zur Verfügung, damit das Gebäude zum 100. Todestag Goethes 1932 fertiggestellt werden konnte.

Der Hauptzweck des Bauwerks ist seine Eigenschaft als Aussichtsturm. Seine Schließung wird erwogen. Vordergründig wegen mangelnder Sicherheit. Hintergründig, um den Selbstmördern ihren Sprungturm zu entziehen. Für die übrige Bevölkerung ist er der Ausgangspunkt schöner Spaziergänge im Stadtwald. Zu seinen Füßen umgibt den Goetheturm ein Kinderspielplatz und ein Gartenlokal.

Unsichtbar
Der Grindbrunnen

43.

Innenstadt, Untermainkai 17

Der Name klingt nicht gut. Schaut man in Grimms Wörterbuch der deutschen Sprache, dann finden sich für „Grind" Begriffe wie „Verkrustete Bedeckung einer Wunde" oder eine Hauterkrankung. Der Grund für den Namen ist nicht bekannt, aber der Brunnen roch nicht gut. Nämlich nach Schwefelwasserstoff, das heißt nach faulen Eiern.

Der Grindbrunnen hat eine längere Wanderschaft hinter sich. Anfangs lag der Grindbrunnen draußen, eine Viertelstunde vor der Stadt im Gebiet des Gallusviertels unweit des Gutleuthofs (103 Unorte, Nr. 48). Hier waren die Leprösen untergebracht, und vielleicht half ihnen die Quelle gegen Aussatz. Jedenfalls zog es im späten Mittelalter die Aussätzigen zum Frankfurter Grindbrunnen.

In der ersten Hälfte des 19. Jahrhunderts exerzierte die tapfere Frankfurter Bürgerwehr auf der Wiese am Grindbrunnen. Die aufkommende Bäderwissenschaft analysierte das heilende Wasser. Demnach half das streng riechende, kochsalz- und natronhaltige Wasser gegen Hautausschlag, Hämorrhoiden, Sodbrennen, Mitesser, Gicht, Rheumatismus, Blasensteine, Verstopfungen und raue Haut. Die heilende Wirkung dieser Quelle war also schier überragend.

Später wurde der Grindbrunnen in Mainnähe an das Nizza verlegt. Sein Kiosk befand sich am Untermaintor auf der Treppe, die gegenüber des Palais Rothschild zum Nizza herabführt. Er bekam von den Altstadtfreunden ein gusseisernes Brunnenbecken, das für einige Jahrzehnte aber am Wanebachhöfchen in Dienst war. Erste Ansätze für ein Bad Frankfurt zeichneten sich ab (Hinweis Konrad Schneider).

Unhold
Der Hammermörder

Innenstadt, Eschenheimer Anlage

Der Unhold agierte in der Dunkelheit. Sein bevorzugtes Revier waren die Parkbänke der öffentlichen Grünanlagen. Hier nächtigen gerne die Nicht-Sesshaften. Schlafend waren sie ihm hilflos ausgeliefert. Immer schlug er mit einem Eisengerät zu, die Vermutung ging in Richtung eines Stahlrohrs. Nach der Tat verschwand er unerkannt. Die meisten der Morde, dreimal schlug er hier zu, passierten im Anlagenring am Eschenheimer Turm. Einmal sahen Zeugen den Täter, vielleicht war er es, am Uhrtürmchen der Ostzeil. Die Nicht-Sesshaften nannten ihn den „'Jack the Ripper' der Stadtstreicher".

Verständlicherweise waren die Stadtstreicher in Panik. Ungefähr 800 Menschen hatten im Mai 1990 kein Dach über dem Kopf. Sie schliefen nur noch in Gruppen im Gebüsch, einige besorgten sich Hunde als Aufpasser. Die Polizei observierte und ermittelte, kam aber zunächst nicht voran.

Als eine Patrouille den Täter stellte, leistete er keinen Widerstand. Er sagte „Gratuliere, Sie haben den Richtigen" und fragte, warum man ihn nicht schon früher verhaftet hätte. Sein Tatwerkzeug war ein Vorschlaghammer, mit dem er sechs Obdachlose ermordet hatte. In Anspielung auf seine Waffe wurde der 50-jährige Elektriker Artur Gatter als „Der Hammermörder" bekannt. Er war ein Psychopath und litt unter Wahnvorstellungen. In seinem Geständnis sagte er, Geister aus der Totenwelt hätten ihn zu den Morden gezwungen. Später verübte er in der Psychiatrie Selbstmord.

Unsagbar
Drei Senckenberg-Hasen

45.

Innenstadt, Hasengasse 3

Gedenktafeln mag der Frankfurter nicht. Das ist gut für die Stadtführer und unser Buch. Ein Ort, der es allerdings sehr verdient hätte, mit einer Tafel markiert zu sein, ist die Hasengasse 3. Denn hier beginnt das Leben von drei sehr unterschiedlichen Brüdern der Familie Senckenberg. Das Haus, das hier damals stand, hieß: „Zu den drei kleinen Hasen".

Goethe beschrieb einmal, dass J. C. Senckenberg unter Ausnutzung der gesamten Straßenbreite zickzack durch die Stadt gelaufen ist. Auch daher sprachen die Frankfurter von den Senckenberg-Brüdern als die drei Hasen. Der für Frankfurt wichtigste ist Johann Christian Senckenberg (1707-1772), der hier geboren wurde (103 Unorte, Nr. 88). Heinrich Christian Senckenberg (1704-1768) lebte als Reichshofrat überwiegend in Wien.

Der Bruder der beiden, Johann Erasmus Senckenberg (1717-1795), war das schwarze Schaf der Familie. Er wurde als launisch, selbstherrlich, betrügerisch und gewalttätig beschrieben. Trotz seines nicht abgeschlossenen Studiums der Rechtswissenschaften galt er in Frankfurt als fähiger Jurist. Senckenberg war Anwalt der alten Frankfurter Adelsgesellschaft „Alten Limpurg". Trotz vieler Schmähschriften gegen den Frankfurter Rat und der Vergewaltigung seiner Haushälterin gelang ihm die Aufnahme in den Rat. Durch die intime Kenntnis der geheimen Ratspapiere konnte er diesen bloßstellen. Nach weiteren Straftaten wie Mordversuch, Majestätsbeleidigung, Erpressung und vielem mehr wurde er am 28. Februar 1769 festgenommen und auf der Hauptwache inhaftiert. Hier blieb er 26 Jahre.

Ungeist
Das Heinrich-Heine-Denkmal

Innenstadt, Taunusanlage

Mit Heinrich Heine hatten konservative Kreise schon immer ihre Probleme. Das war in Frankfurt nicht anders, jedoch gab es hier auch eine breite liberale Bürgerschaft. Diese ermöglichte 1913 die Aufstellung des ersten Heinrich-Heine-Denkmals in Deutschland. Der wütende Protest aus antisemitischer und konservativer Richtung sollte lange anhalten.

Initiative und Bezahlung des Denkmals kam von den Verehrern des Dichters, an der Spitze Theaterintendant Emil Claar. Das Denkmal wurde von dem Bildhauer Georg Kolbe gestaltet, einem späteren Goethepreisträger (1936). Es zeigt zwei Bronzefiguren in dynamischer Pose, einen ausschreitenden Jüngling und eine liegende Dame. Beide symbolisieren die elegante Leichtigkeit von Heines Werk. Die Skulptur steht auf einem Steinsockel mit Bildnisplakette des Dichters.

Die Errichtung des Denkmals geschah in der Friedberger Anlage. Festredner war der Bühnenautor und Übersetzer Ludwig Fulda. Bereits wenige Wochen nach der Machtergreifung von 1933 vergriffen sich NS-Schergen an dem Denkmal. Valentin Senger war Augenzeuge des Vandalismus. Glücklicherweise gewährte das Städel-Museum in Person von Direktor Dr. Wolters dem Objekt, jetzt unter der Bezeichnung „Frühlingslied", Asyl. Auch der Dichter Rudolf G. Binding hatte angeboten, das Kunstwerk in seinem Garten zu beheimaten.

Zum 150. Geburtstag Heines im Jahr 1947 wurde das Denkmal wiederaufgestellt. Diesmal in der Taunusanlage. Dort stehe es als Zeichen der deutschen Demokratie und der internationalen Verständigung, sagte Bürgermeister Kolb bei der Aufstellung.

Ungemach
Die Stadt Höchst

Höchst, Burggraben

Im Mittelalter erstreckte sich das Gebiet der Erzbischöfe von Mainz bis vor die Tore Frankfurts. In Höchst begannen sie im 13. Jahrhundert mit der Anlage einer steinernen Burg. Diese steht auf einer Hochterrasse über dem Main und wurde von zwei Armen des Liederbachs umflossen. Ungebetene Besucher konnten von den hohen Wehrmauern und Türmen aus frühzeitig entdeckt werden. In Zusammenhang mit dieser Burg wurde Höchst 1455 zur Stadt erhoben.

Burg und Stadt Höchst sind aus Sicht des Frankfurter Kaufmanns ein einziges großes Ärgernis, ja, ein wahrer Unort. Denn Höchst gab es nur aus einem einzigen Grund: Die Anlage diente der Besteuerung des Handelsverkehrs nach Frankfurt zu Wasser und zu Lande. Die Burg war nichts als eine befestigte Zollstelle des Mainzer Erzbischofs. Die Frankfurter Messen spülten viel Geld in seine Kassen.

Das Eintreiben des Zolls funktionierte nach wirksamer Methode. Auf dem Grund des Mains lag eine schwere Eisenkette. Näherte sich ein Schiff, dann wurde sie hochgezogen. Der Zollbeseher schätzte die Ladung und der Kaufmann musste zahlen. Das Geld wurde in dem heute noch bestehenden Höchster „Zollturm" gelagert. Dessen Zwinger war mit Geschützen bestückt, die den Geldforderungen zusätzlich Nachdruck verliehen.

Die Stadt Frankfurt ließ keine Gelegenheit aus, diesem Ungemach den Garaus zu machen. Sie versuchte es mit friedlichen Mitteln, mittels Befehl des Kaisers, oder mit militärischer Gewalt. 1396 war es endlich so weit. Den Frankfurtern gelang die Zerstörung der Burg. König Ruprecht verbot 1408 deren Wiederaufbau.

Unversorgt
Der Hof der Aussätzigen

Gutleut, Gutleutstraße 337

Noch innerhalb der Frankfurter Landwehr gab es den sogenannten Gutleuthof. Diese Hofanlage geht auf das 13. Jahrhundert zurück und hatte den Zweck, die Aussätzigen der Stadt zu beherbergen. Die „Guten Leute" waren die Menschen mit Lepra und anderen ansteckenden Krankheiten. Die Autorin Ursula Neeb beschreibt in ihrem Buch „Die Siechenmagd" (Frankfurt 2006, Societäts-Verlag) anschaulich, wie die Erkrankten in einer Art Trauerfeier aus der Stadt verabschiedet wurden, um den Rest ihres Lebens im Gutleuthof zu verbringen.

Der Hof war eine von einer schützenden Ringmauer umgebene Anlage mit Kapelle, Wohnhäusern, Stallungen und landwirtschaftlichen Gebäuden. Er war Teil der Landwehr. Zum Gutleuthof gehörte auch ein Friedhof mit „ungeweihtem Boden" als letzte Ruhestätte für die in Frankfurt Hingerichteten. Die „berühmteste" dort Begrabene ist Susanna Margareta Brandt, die nach ihrer Hinrichtung am 14. Januar 1772 zum Gutleut-Friedhof gebracht wurde.

Im 19. Jahrhundert verfiel der Gutleuthof. Er wurde ab 1873 von der Hessischen Ludwigs-Eisenbahngesellschaft genutzt. Für die Frankfurter der wohl bekannteste Nutzer der alten Gemäuer war die Firma Jöst. Der aus dem Odenwald stammende Adam Jöst (1884-1962) war der Betreiber und Lieferant vieler Frankfurter Wasserhäuschen. 1940 erwarb Jöst den Gutleuthof, um hier sowohl den Getränkevertrieb als auch eines seiner vielen Lokale zu eröffnen. Die Weinstube und der Frankfurter Weinberg, den Jöst 1952 anlegte, waren für lange Jahre ein beliebtes Ausflugsziel. Trotz vieler Proteste wurde der Gutleuthof 1979 nach fast 700-jährigem Bestehen abgerissen.

Unwesen
Der Hundekotstreifen

Innenstadt, Alleenring

Frankfurt verfügt über drei Innenstadtringe, die zwiebelartig um die Altstadt liegen. Zuerst kommt die Staufermauer, der die Kaiserstraße, die Zeil und die Schumacherstraße vorgelagert sind. Dann kommt der Anlagenring, der in seinen zackigen Ausbuchtungen die Stadtbefestigung des 17. Jahrhunderts nachzeichnet. Ein Paradies für Spaziergänger, Innenstadtjogger und Denkmalbetrachter. Als drittes folgt in gehörigem Abstand der Alleenring. Angelegt nach Pariser Vorbild, entstand er zu Anfang des 20. Jahrhunderts.

Die Miquelallee mündet in den Alleenring, der somit die Fortsetzung der Autobahn ist. Doch anfangs war man um Schönheit bemüht. Östlich der Adickesallee säumt ein aus Bäumen und Rasen bestehender Mittelstreifen den Ring. Im Bereich der Habsburgerallee ist dieser Streifen von ansehnlicher Breite. Dieses Gelände zwischen den vier Fahrspuren weist ein erstaunliches Nutzungsprofil auf. Es haben sich durch eifrige Nutzung Quer- und Längspfade gebildet. Die Querpfade dienen der illegalen Überquerung des Alleenrings, was mit ansehnlicher Gefahr verbunden ist.

Die Längspfade gehen auf die Hundebesitzer und ihre treuen Freunde zurück. Morgens, spätestens mit Einsetzen der Dämmerung, kommt Leben auf den Mittelstreifen. Da Hunde, im Gegensatz zu Katzen, keine häusliche Toilette haben, müssen sie zum Zweck des Sich-Lösens ausgeführt werden. In der Regel mindestens zweimal täglich. Der Spaziergang dauert so lange, bis das Tier kann. Und das geht am besten auf dem besagten Streifen. Jeden Tag, und immer mit dem interessanten Geruch der Hinterlassenschaften von Artgenossen in der Nähe. Für die, die es angeht, ein Traumklo (Hinweis Struppi).

Unbeseelt
Ignatiuskirche

Westend, Elsheimerstraße 9

Die Schönheit des Betons wurde in Frankfurt nicht immer gewürdigt. Zuerst musste das Technische Rathaus dran glauben, kurz danach das Historische Museum. Noch gibt es in der Stadt zwei Bauwerke des Großmeisters der Betonbaukunst. Gottfried Böhm plante das Verwaltungsgebäude der Deutschen Bahn und St. Ignatius im Westend. Der in Offenbach gebürtige Baumeister (*1920) bekam als einziger deutscher Architekt den Pritzker-Preis, den „Nobelpreis für Architektur".

Um den Katholiken des Nordends und des Westends in der Diaspora des protestantischen Frankfurts Halt zu geben, gründeten Jesuiten 1930 die Ignatiusgemeinde. Eine erste Kirche entstand Im Trutz Frankfurt 50. Nach der Zerstörung wurde 1963 mit einem Kirchenneubau begonnen, der am 17. Oktober 1964, dem Tag des Hl. Ignatius von Antiochia, eingeweiht wurde. Heute zählt die Gemeinde ca. 8.500 Mitglieder.

Die gesamte Kirche besteht vollständig aus Beton, wirkt aber dennoch nicht unbeseelt. Der schlanke achteckige Kirchturm überragt die runde Kirchenanlage. Unter ihm erstreckt sich das Kirchendach, das die Form eines Zeltes zitiert. Der Innenraum befindet sich erhöht im ersten Stock. Über sich sehen die Gläubigen das Dach in drei unterschiedlichen Giebelproportionen. Das große dreieckige Fenster über dem Altar stellt den brennenden Dornbusch dar. Beiderseits des Altars ist je eine niedrige Seitenkapelle. Im Erdgeschoss liegt die Taufkapelle mit Taufbecken (Hinweis Laura Jungen).

Unlieb
Institut für Sozialforschung

51.

Bockenheim, Senckenberganlage

Ungefähr dort, wo sich heute die Mensa der Goethe-Universität befindet, stand vor dem Krieg das bekannte „Institut für Sozialforschung". Es wurde von dem Kaufmannssohn Felix Weil finanziert. Der Architekt Franz Roeckle erbaute das Institutsgebäude an der damaligen Viktoriaallee 17, der heutigen Senckenberganlage.

Der Bau kontrastierte auffällig mit seinen Forschungsinhalten. Diese waren: Internationales Gewerkschaftsleben, Streik, Sabotage, Revolution, Antisemitismus als soziologisches Problem, Bolschewismus und Marxismus, Partei und Masse, Lebenshaltung der Bevölkerung, Verelendung Deutschlands. Der kompakte Körper mit Flachdächern vermittelte den Eindruck einer Festung, was die grobe Bruchsteinfassade noch verstärkte. Im Eingangsbereich standen zwei Säulen, die drei Stockwerke hinaufragten. Das Institutsgebäude, obwohl 1924 errichtet, nahm bemerkenswerterweise den heroischen Stil vorweg, der in der NS-Zeit so beliebt war.

Das Institut wurde wenige Wochen nach der Machtergreifung von Kriminalbeamten besetzt und versiegelt. Die Professoren Karl Mannheim, Max Horkheimer und Theodor W. Adorno emigrierten im April 1933. Das ganze Institut wurde vertrieben. NS-Studentenschaft und Staatspolizei siedelten sich im Gebäude an. 1944 wurde es zerstört. Nach dem Krieg wurden die vertriebenen Sozialforscher zur Rückkehr eingeladen. Horkheimer wurde sogar Rektor der Frankfurter Universität und mit dem Goethepreis ausgezeichnet. Das neue Institutsgebäude (Architekt: Hermann Mäckler) entstand 1950 auf der gegenüberliegenden Straßenseite.

Ungetauft
Der Große Judenbrand

52.

Innenstadt, Kurt-Schumacher-Straße

Eine der größten Brandkatastrophen in der Geschichte Frankfurts hatte ihren Ursprung in der Judengasse. Am 14. Januar 1711, gegen acht Uhr abends, brach das Feuer im Haus des Oberrabbiners Naphtali Cohen aus. Das Haus war eines der größten der Gasse und lag in der Mitte des Ghettos gegenüber der Synagoge. Binnen 24 Stunden brannten fast 200 Häuser des Ghettos nieder. Vier Menschen starben. Der Rest der Stadt wurde nur verschont, weil sich der Wind plötzlich gedreht hatte.

Naphtali Cohen, der aus Prag stammte, wurde zudem als Brandstifter beschuldigt. Angeblich hatte er einen Talisman gegen die Feuersgefahr erfunden, mit dem er herumexperimentierte. Die Beschwörung des Feuergeistes sei ihm aber misslungen, sodass in seinem Hause der Brand ausbrach. Cohen wurde als Brandstifter eingesperrt und blieb längere Zeit in Haft. Eine Untersuchung kam zu dem Ergebnis, dass er unschuldig war. Nach seiner Freilassung verließ Naphtali Cohen Frankfurt und kehrte nach Prag zurück. 1719 starb er in Konstantinopel, auf dem Weg ins Heilige Land.

Nach dem Brand wohnten die Bewohner der Gasse zunächst zur Miete in Häusern von Christen. Der Wiederaufbau der Judengasse unterlag strengen Bauvorschriften. Dennoch kam es 1721 zu einem zweiten Brand in der Judengasse. Die jüdische Gemeinde wuchs bis zum Ende des Ghettos 1796 nicht wieder zu ihrer alten Kopfzahl an. Eine Radierung und ein kleines Gemälde des Malers Johann Nothnagel illustrieren die angeblich kabbalistischen Experimente Cohens (Hinweis Petra Maisak).

Unbedacht
Das Kind am Rathaus

Innenstadt, Römer

Das Frankfurter Rathaus, eine Ansammlung verschiedener Gebäude aus den letzten 600 Jahren, war immer wieder Veränderungen, Umbauten und Neubauten unterworfen. Der große Erweiterungsbau des frühen 20. Jahrhunderts erfolgte ab 1900 nach den Plänen der Frankfurter Architekten Ludwig Neher und Franz von Hoven. Der Bau konnte 1904 für insgesamt 5,5 Millionen Mark fertiggestellt werden. Zur Erweiterung wurden das alte Haus Frauenrode und das historische Polizeipräsidium, der Clesernhof, abgerissen.

Der neue Baukomplex enthält ein wahres Sammelsurium aus Epochen und Architekturzitaten, aus Frankfurter Geschichten, die in Gebäudeteilen, in Figuren und Reliefs abgebildet sind. Es gibt eine sogenannte Seufzerbrücke nach venezianischem Vorbild. Der größere der Rathaustürme versteht sich als Kopie des südlichen Brückenturmes der Alten Brücke. Da er in der Amtszeit (1891-1912) des Frankfurter Oberbürgermeisters Franz Adickes errichtet wurde, nannte man ihn den „Langen Franz".

Die Figuren am neuen Rathaus stellen einige für Frankfurt historisch bedeutende Persönlichkeiten dar. Auch die Handwerkszünfte und Berufe der Stadt sind als Figuren abgebildet. Ein Journalist, der lauscht. Zwei fliegende Händler tragen ihre Bauchläden. An der Südostecke im dritten Stock, im zweiten Römerhof, ist ein kleines Kind zu sehen, das auf ein Baugerüst klettert und von Bauarbeitern vor dem Absturz bewahrt wird. Der Autor (CS), Sohn eines Architekten, kletterte als Kind gern auf Baustellen herum. Vor den Gefahren warnte ihn die Mutter mit Hinweis auf das Kind an der Mauer des Rathauses.

Unreligiös
Kappellchen im Römer 54.

Innenstadt, Römer

Überbordend sind die Geschichten, die Franz von Hoven und Ludwig Neher den Frankfurtern an der Fassade des Rathaus-Neubaus von 1904 erzählen wollte. Eine besondere ist die der Innenausstattung des sogenannten Kappellchens. Ursprünglich war der Raum Teil des Treppenhauses. Erst durch den späteren Einbau einer Tür entstand der geschlossene Eindruck einer Kapelle. Dieser zauberhafte Raum im Frankfurter Römer wird heute als Kantine und Veranstaltungsort genutzt.

Im aufwendig bemalten Gewölbe befindet sich in Zweitverwendung als Schlussstein ein Rest des Archivgebäudes Frauenrode, dem Vorgängerbau an gleicher Stelle. Der farbig gefasste Stein stammt wohl von Eberhard Friedberger aus dem Jahr 1436, der als Baumeister auch am Eschenheimer Turm und Rententurm arbeitete. In der Mitte des Raums ist eine mächtige Säule, an der auf Konsolen vier Frankfurter Baumeister dargestellt sind: Matern Gerthener (Domturm und Eschenheimer Turm), Meister Engelbert (Leonhardskirche), Walter der Steinmetz (Sachsenhäuser Brückenturm), Wigel der Maurer (Römerhalle). Zwei schön geschnitzte Türen mit den Wappen der Weinorte Bacharach, Klingenberg, Hochheim und Würzburg führen in den Ratskeller.

Für die kirchenhafte Atmosphäre sorgt das große dreiteilige farbige Fenster des Künstlers Albert Lüthi mit dem Titel „Friede und Arbeit". Es wurde für die Pariser Weltausstellung 1900 hergestellt und von Frankfurter Familien für den Römer gestiftet. Zeitgemäß wurde der Friede militaristisch, hoch zu Ross reitend, begleitet von zwei Frauengestalten, dargestellt. Die Wandmalereien von Heinz Wenzel stehen der Frührenaissance nahe.

Unsinn
Kindergehege im Peterskirchhof

Innenstadt, Stephanstraße

Der Peterskirchhof ist der älteste Friedhof der Stadt Frankfurt. Seit 1419 wurden hier Grabstätten angelegt, zwischen 1503 und 1828 war er der allgemeine Friedhof der Frankfurter. Nach der Reformation wurden auf dem Peterskirchhof ausschließlich Protestanten bestattet, deren eindrucksvolle Grabmäler heute noch oft erhalten sind. Nach seiner Schließung wurde der Friedhof mehrfach verkleinert.

In der Südwestecke befindet sich eine rechteckige Umzäunung von ca. 20 mal 20 Metern, die dem Friedhof im Westen eine Parzelle abschneidet. Es ist ein Kinderauslaufgehege der Kindertagesstätte „Liebfrauen" der Caritas in der Brönnerstraße 24. Dort sind Plätze für je 30 Kindergartenkinder und 30 Schulkinder vorhanden, die von 7.30 bis 17.30 Uhr betreut werden können.

Die Einfassung des unsinnigen Geheges besteht aus einem Metallzaun mit senkrechten Streben. Drinnen befinden sich eine Rutschbahn, ein Sandkasten, Bänke und alte Steine. Die Grabmäler innerhalb der Umzäunung gefährden die Kinder nur wenig, höchstens durch Einsturz. Was selten vorkommt. Auf einer Grabtafel im Spielbereich liest man, dass es sich hier um das Familiengrab einer gewissen Familie GRUNELIUS von 1792 handelt. Manche Epitaphien eignen sich auch zum Klettern.

Das Kindergehege wird im Norden durch einen hässlichen Knick unnötig verkleinert. Der Grund: An den Zaun grenzt die selten besuchte Grabstätte von Johann Caspar Goethe (1710-1782). Der Grabstein ist aus schwarzem Marmor. Rechts daneben steht auf der Gedenktafel: „HIER RUHT GOETHES VATER".

Untrinkbar
Klärwerk Niederrad

Niederrad, Goldsteinstraße 160

Im 19. Jahrhundert nahm die Bevölkerungszahl der deutschen Großstädte erheblich zu. Die historische Kanalisation bestand aus den sogenannten Antauchen (Fäkaliengruben), die ehemals durch die Knechte des Henkers geleert und dann in den Main gegossen wurden. Nach den Erfahrungen der 1830er Jahre mit Cholera und Typhus wurde klar, dass Frankfurt bald eine neue Kanalisation benötigen würde. 1867 begann die Stadt mit der Anlage von Kanälen, die alle Abwässer in den Main leiteten. Der Fachbegriff lautet „Schwemmkanalisation".

Fürsprecher einer neuartigen Kanalisation war der Arzt Georg Varrentrapp (1809-1886). Auf seine Veranlassung wurde der englischstämmige Ingenieur William Lindley als Architekt gewonnen. Lindley schlug für Frankfurt eine Schwemmkanalisation vor, welche die Topografie nutzen sollte, um die Abwässer der Stadt an einen tiefer gelegenen Punkt – nach Niederrad – zu leiten. Seit 1887 war das erste deutsche und europäische Klärwerk in Niederrad in Betrieb. Hauptsächlich bestand es aus einem Absetzbecken, worin der schwere Schmutz zu Boden sank. Das Wasser oben floss danach in den Main zurück.

Einen besonderen Teil der Anlage bildet das im Zuge der Erweiterung (1902-1904) errichtete Verwaltungsgebäude mit einer im Jugendstil gemalten Szene, in der allegorisch die „Genesung" auf Fliesen dargestellt ist. Es geht die Fama, dass Adolf Varrentrapp (1844-1916), der Sohn des Arztes, 1904 bei der Einweihung der Erweiterung die Reinheit des Wassers „demonstrierte": Er hielt den Zeigefinger in das Abwasser, um anschließend den Mittelfinger abzulecken. Heute werden im modernen Frankfurter Klärwerk auch die Abwässer aus Offenbach gereinigt.

Unverglast
Klo im Schauspielhaus

Innenstadt, Willy-Brandt-Platz

1902 nahmen die Frankfurter ihr neues Schauspielhaus mit dem „Prolog" aus dem „Faust" und „Wallensteins Lager" in Besitz. Das Gebäude war nach den Plänen von Baurat Heinrich Seeling für über 1.000 Zuschauer errichtet worden. Im März 1944 brannte das Haus aus. Es wurde 1951, nach langer Diskussion über den Vorrang von Kunst oder Wohnungsbau, wiedereröffnet. Die alte Fassade war weitgehend stehen geblieben. Lediglich die imposante Kuppel wurde durch eine flache Dachkonstruktion ersetzt.

Das Haus hätte gut weiter am Anlagenring stehen bleiben können, als Prachtbau, der Elemente aus Renaissance und Jugendstil kombiniert. Doch 1958 wurde anders entschieden. Es sollte ein schlichter neuer Bau als Theaterdoppelanlage entstehen. Der Kern des Gebäudes von 1902 blieb erhalten, aber um einen Vorbau ergänzt. Eine neue Fassade wurde vorgeblendet und daneben das neue Schauspiel errichtet. Aus dem alten Schauspiel wurde so die neue Oper. Ein gemeinsames Foyer verbindet beide Spielstätten. 1963 wurde das neue Doppel-Haus eröffnet. 1987 brannte das Gebäude zum zweiten Mal in seiner Geschichte aus.

Trotz aller Umbauten blitzt das Alte in Frankfurt an verborgenen Orten wieder auf, so auch hier. Begibt man sich in die Herrentoilette im 2. Stock der heutigen Oper, kann man durch die Fenster die Reste des Gebäudes von 1903 sehen. Schöne Fensterfassungen sind dort zu entdecken. Auf einem Schrottplatz erhalten hatten sich die alte Panther-Quadriga und Schwan-Figuren sowie schön geschnitzte Türen des alten Schauspiels. Die Panther-Quadriga schmückt seit 1976 die Alte Oper.

Unbeliebt
Die Kotzenburg

Westend, Senckenberganlage 26

Ein Mann, der noch Träume hatte. Er wollte die Wartburg nachbauen und dann in ihr wohnen. Mitten in Frankfurt natürlich. An der Senckenberganlage 26, gegenüber der Universität. Sein Name: Karl Kotzenberg. Ein talentierter Kaufmann, der ein Vermögen verdiente. 1901 kaufte er sich das Grundstück an der damaligen Viktoria-Allee. Der Architekt Ludwig Neher erbaute 1902 bis 1905 die Villa nach den Vorstellungen des Bauherrn. Eine Burg wie aus Wagners „Tannhäuser". Ein Gesamtkunstwerk. Spötter nannten den unbeliebten Bau „Die Kotzenburg".

Karl Kotzenberg hatte eine weitere ungewöhnliche Eigenschaft: seine Freigiebigkeit. Privater Reichtum hatte für ihn den Zweck, wohltätig gestiftet zu werden. Für Vereine, Stiftungen, Museen und Künstler war er unermüdlich tätig. Er wurde Königlich Norwegischer Konsul. Der Universität stiftete er den ersten ordentlichen Lehrstuhl für Soziologie in Deutschland. Die juristische Fakultät ernannte ihn zum Ehrendoktor. Die Studenten und viele andere Organisationen der Universität profitierten von seiner Spendenbereitschaft.

Der Zusammenbruch kam über Nacht. Seine Import- und Exportfirma M. Andreae & Co. ging in der Weltwirtschaftskrise bankrott. Der Millionär wurde zum Bettler. Konsul Kotzenberg musste die Villa zur Begleichung von Bankschulden verkaufen. Er und seine Frau behielten das Wohnrecht in der ersten Etage des Hauses. Das Erdgeschoss wurde dem Orient-Institut zugewiesen. In seinen letzten Jahren lebte er von einer Ehrenrente, die ihm die Stadt Frankfurt, die Universität und die Handelskammer zahlten. Da er 1940 starb, erlebte er die Zerstörung der Villa Kotzenberg nicht mehr.

Unpoetisch
Siegfried Kracauer

Nordend, Sternstraße 29

Manchmal lesen alle Frankfurter das gleiche Buch. 2013 schon zum vierten Mal, denn in diesem Jahr wird die Reihe „Frankfurt liest ein Buch" mit dem Buch „Ginster" (1928) von Siegfried Kracauer fortgesetzt. Für manch einen wird dies ein augenöffnendes Erlebnis sein.

Siegfried Kracauer wurde 1889 in der Elkenbachstraße 18 geboren. Seine erste Schule war das damalige Philanthropin in der Rechneigrabenstraße. Hier lehrte sein Onkel, der Historiker Isidor Kracauer. Der Neffe besuchte von 1904-1907 die Klinger-Oberrealschule, wo er das „Zeugnis der Reife" erwarb.

Kracauer war schon als Schüler journalistisch tätig. 1906 erschien sein erster Artikel in der Frankfurter Zeitung. Nach Studium und Tätigkeiten in verschiedenen Architektur-Büros kehrte Kracauer nach Frankfurt zurück, um hier im Büro des Architekten Max Seckbach zu arbeiten. 1921 wurde Kracauer zunächst freier Mitarbeiter, später Angestellter der Frankfurter Zeitung. In einer großen Zahl von Artikeln widmete er sich der Welt des Varietés und des Kinos. Das Schumann-Theater, das Varieté Groß-Frankfurt und die vielen kleinen und großen Bühnen beschrieb Kracauer mit Leidenschaft.

Siegfried Kracauer wohnte in der Sternstraße 29 zusammen mit seiner Mutter Rosette sowie der Tante Hedwig und dem Onkel Isidor Kracauer. Dort entstand der Roman „Ginster", ein Bild Frankfurts zwischen den Kriegen. Der Roman versteht sich als Antikriegsroman, mit scharfen Schnitten, komponiert wie ein Film und mit unterkühltem Humor.

Unbenutzt
Die Lahmeyerbrücke

Ostend, Hanauer Landstraße

Das größte städtebauliche Projekt, das die Stadt Frankfurt zu Beginn des 20. Jahrhunderts auf den Weg brachte, war die Entwicklung des Industrie- und Versorgungsgebietes rund um die Hanauer Landstraße mit dem Bau des Osthafens. Der Ostpark, die Riederwald-Siedlung und der neue Ostbahnhof gehörten ebenfalls dazu.

Der Gesamtplan des Jahres 1911 weist das ehemalige Planungsgebiet weit größer aus. Es ist kaum bekannt, dass das Gewerbegebiet Seckbach ebenfalls dazugehörte. Dies wird sichtbar an den Bahn- und Straßenverbindungen nach Norden. Über die Hauptstrecke der Eisenbahn nach Frankfurt biegt sich eine Brücke, deren Gleis sich in Richtung Seckbach als Gleisharfe auf fünf Stränge verteilt. Diese erschließen das Gewerbegebiet.

Die Brücke ist die sogenannte „Lahmeyerbrücke". 1890 gründete Friedrich Wilhelm Lahmeyer eine Aktiengesellschaft für den Bau und Betrieb elektrischer Anlagen in Frankfurt am Main. 1891 war die Firma bei der Internationalen Elektrotechnischen Ausstellung in Frankfurt mit einem Gleichstromsystem zur Übertragung von elektrischer Energie vertreten.

Die Eisenbahnbrücke war auch die Verbindung zu einem Arbeits- und Internierungslager in der Kruppstraße, in dem 1942 viele Sinti und Roma von den Nazis gefangen gehalten wurden. Mehr als einhundert Insassen wurden 1943 nach Auschwitz deportiert und ermordet. Seit 1990 wird die Brücke nicht mehr für die Bahn genutzt und ist jetzt eine Fußgängerbrücke.

Unentdeckt
Die Leiche im Lindenbaum 61.

Eschersheim, Eschersheimer Landstraße

Die sogenannte Eschersheimer Linde ist (seit 1937) eines der „großartigen" Frankfurter Naturdenkmäler. Der Durchmesser der „Tilla cordata" beträgt fünf Meter, ihre Höhe über 25 Meter. Der Baum gehört mit seinen über dreihundert Jahren zwar nicht zu den ältesten Frankfurter Bäumen, aber zu den prominenten. Das genaue Alter der Linde ist nicht bekannt. Behauptet wird gerne, dass sie eine „Friedenslinde" nach dem Dreißigjährigen Krieg war und somit 1648 gepflanzt wurde. Friedenslinden waren aber eine Erfindung der nachnapoleonischen Zeit.

Etwa ein halbes Jahr lang verhüllten die sommerlichen grünen Blätter der Linde den Körper eines Mannes, der sich im Frühjahr unbemerkt im Baum aufgehängt hatte. Erst als im Herbst die Linde ihre Blätter verlor, machten die Eschersheimer einen grausigen Fund. Die verweste Leiche des Mannes wurde hängend im Baum gefunden. Diese kleine Geschichte wird für die Eschersheimer immer mit dem Baum verbunden sein. Wer der Mann war und was seine Gründe für den Selbstmord waren, darüber schweigen die Quellen. Ein literarisches Vorbild zum Selbstmord kann der 1823 erschienene Text des romantischen Dichters Wilhelm Müller sein. In der vierten Strophe von „Der Lindenbaum" heißt es: „Und seine Zweige rauschten, / Als riefen sie mir zu: / Komm her zu mir, Geselle, / Hier findst Du Deine Ruh!"

In jüngerer Zeit drohte allerdings der Baum abzusterben und musste baumchirurgisch behandelt werden. Es wurde ein eigenes Bewässerungssystem für die Linde installiert. 1966 kamen die U-Bahn und die Eschersheimer Landstraße dem Baum so nahe, dass er fast gefällt wurde.

Unfrei
Rosa Luxemburg in der Titania

Bockenheim, Basaltstraße 23

Die Stadt Bockenheim, nordwestlich von Frankfurt gelegen, war früher von Fabriken und Arbeiterschaft geprägt. Erst 1895 wurde der Ort in die alte Kaiserstadt eingemeindet. Hier gab es den großen Festsaal „Zur Liederhalle" in einer ehemaligen Eisfabrik in der Basaltstraße 23. Die Liederhalle war der zentrale Versammlungsort der Bockenheimer Arbeiterschaft. Sie beherbergte auch die Bibliothek der SPD und der Bockenheimer Gewerkschaften. Heute ist dort die Titania.

Am 26. September 1913, ein Jahr vor Ausbruch des Ersten Weltkrieges, stand eine 42-jährige kleine verwachsene Frau, Jüdin deutsch-polnischer Herkunft, auf der Rednertribüne. Rosa Luxemburg, die Wortführerin der Linken in der SPD. Sie sprach über „Die politische Situation und die Lage der arbeitenden Klasse". Wörtlich sagte sie: „Wenn uns zugemutet wird, die Mordwaffen gegen unsere französischen oder anderen ausländischen Brüder zu erheben, so erklären wir: ‚Nein, das tun wir nicht!'". Wegen der in der Rede enthaltenen Aufforderung zum Ungehorsam gegen die Gesetze der Obrigkeit verurteilte sie ein Frankfurter Gericht zu einem Jahr Gefängnis. Ihre Verteidigung vor der Frankfurter Strafkammer wurde später unter dem Titel „Militarismus, Krieg und Arbeiterklasse" veröffentlicht. Die Haftstrafe trat sie am 18. Februar 1915 im Berliner „Weibergefängnis" an. 1919 wurde sie in Berlin von Freikorps-Soldaten ermordet. Anlässlich ihrer Beerdigung am 13. Juni 1919 läuteten in Frankfurt die Glocken des Kaiserdoms.

Eine Gedenktafel am Gebäude erinnert an Rosa Luxemburg. Der Ort ist heute zu einer Kultstätte der Partei „Die Linke" geworden (Hinweis Christa Bernhard).

Ungesellig
Gaststätte Mentz

Nordend, Bornwiesenweg 3

Die „Mentz" genannte Gaststätte ist ein zentraler Schauplatz des Buchs „Die Vollidioten" (1973) von Eckhard Henscheid. Das Gasthaus lag an der Ecke Oeder Weg/Bornwiesenweg und war auch unter dem Namen „Berliner Zillestube" bekannt. Das obere Stockwerk des kleinen Hauses bewohnte die namengebende Familie Mentz selbst. Der Wirt Hans Mentz führte die Gaststätte 15 Jahre lang. Sie bestand bis 1980 und wurde mit einem rauschenden Abschiedsfest geschlossen. Zwei Jahre später musste das Haus dran glauben.

Die Ausstattung und das Angebot des „Mentz" waren nicht eigentlich schön zu nennen. Aber bestimmt übertreibt Wilhelm Genazino, wenn er von einer der „grässlichsten Bumskneipen, die es in Frankfurt gibt" spricht. Im Schankraum hingen Zille-Reproduktionen. Ein grüner Kachelofen heizte die Stube im Bedarfsfall. Wände und Vorhänge nahmen im Laufe der Zeit eine einheitliche tabakbraune Färbung an.

Hier traf sich die „Elite" der Nation. Die revolutionäre Avantgarde ebenso wie alteingesessene Nordendler, Schriftsteller, Karikaturisten, Schauspieler vom Theater am Turm, Journalisten, Finanzgenies, Schwadronierer und Schweiger. Allabendlich kamen sie sternmarschförmig aus allen Ecken des Nordends hierher.

An den legendären Wirt erinnerte lange Jahre Robert Gernhard mit einer Humorkolumne in der „Titanic", welche die Überschrift „Hans Mentz" hatte. An der Stelle des „Mentz" steht heute ein Neubau.

Unaufgeklärt
Mord in Seckbach

Seckbach, Hofhausstraße 51

Heinz Herbert Karry, geboren im Frankfurter Ostend und erfolgreicher Importkaufmann, trat 1949 in die FDP ein und saß seit 1960 im Hessischen Landtag. 1970 wurde er hessischer Wirtschaftsminister. Als Befürworter der Startbahn West des Frankfurter Flughafens und der Erweiterung des Kernkraftwerks Biblis war er eine Reizfigur für Links- und Ökoterroristen.

Trotz Anrufen und Drohungen lehnte er Personen- und Objektschutz für sich ab. Sein Argument: „Des kost nur Geld." Auch am Montag, den 11. Mai 1981, klingelte das Telefon wieder mal, um ein Uhr nachts. Die Frau des Politikers nahm den Hörer ab, hörte aber nur ein Atmen. Routinemäßig befand sich um 2.30 Uhr und 4.35 Uhr eine Funkstreife in der Nähe.

In der Nähe von Karrys Bungalow in Seckbach beobachtete ein Zeitungsausträger kurz vor fünf Uhr eine Frau und einen Mann, beide unter 30, wie sie von einem geparkten roten FIAT zu dem Grundstück gingen. Genau um fünf Uhr befanden sich Menschen mit einer Aluminiumleiter, einer Taschenlampe und einer amerikanischen Pistole des Typs „High Standard" auf Karrys Grundstück. Sie öffneten das nur angelehnte Fenster des Schlafzimmers, in dem das Ehepaar ruhte. Zwei Schüsse gingen über sie hinweg. Karry sprang auf und wankte schlaftrunken zum Fenster. Dann trafen ihn vier weitere Schüsse. Um 6.25 Uhr stellte der Notarzt den Tod fest.

In einem Schreiben an das Stadtmagazin „Pflasterstrand" bekannten sich die „Revolutionären Zellen" zu der Tat. Sie hätten Heinz Herbert Karry „bestrafen", aber nicht ermorden wollen. Der Mord blieb unaufgeklärt.

Ungesponnen
Der Maulbeerbaum auf dem Schulhof

Innenstadt, Schäfergasse 23

Selten sind die Maulbeerbäume in Deutschland geworden. Zu den Zeiten, als die Europäer hofften, mit den jungen Blättern des Maulbeerbaums Seidenspinner zu ernähren und eine eigenständige Seidenindustrie zu entwickeln, wurden allenthalben in Deutschland diese Bäume gepflanzt. In manchen fürstlichen Gärten, aber auch im tiefbürgerlichen Frankfurt, versuchte man sich an der Zucht der Seidenraupen. Doch das kleine Tier erwies sich als kulinarisch anspruchsvoll. Es verschmähte meist die ihm so dargebrachte Gunst und zog es vor zu sterben. So ist von Johann Caspar Goethe (103 Unorte, Nr. 55), dem Vater des Dichters Goethe, überliefert, dass er diese Tiere züchten wollte und zu diesem Zweck ein Zimmer unter dem Dach in Beschlag nahm. Seiner Zucht war kein Erfolg beschieden.

Ein imposanter Maulbeerbaum steht unweit des Grabes von Katharina Elisabeth Goethe, deren Grabtempelchen er beschattet. Der weit ausladende Baum gehört sicher zu den ältesten Exemplaren seiner Art in Frankfurt. Ehemals auf dem Peterskirchhof gepflanzt, steht er heute auf einem Schulhof der Liebfrauenschule, die 1916 erbaut wurde. Beide, Maulbeerbaum und Goethegrab, sind Teil des Pausenhofs. Im Frühsommer ist Blütezeit, die kleinen schwarzen Früchte sind sehr saftig und sehen Brombeeren ähnlich.

Die Fläche, auf der der Maulbeerbaum heute steht, gehörte ursprünglich zum Peterskirchhof, der nach 1418 angelegt und bis 1828 benutzt wurde. Die Bautätigkeit späterer Jahre beanspruchte die Flächen des Friedhofs, der mehrfach verkleinert wurde. Die Grünfläche wurde 1858 von Sebastian Rinz als englischer Landschaftspark gestaltet.

© Fotografie: Harald Fester

Untiefe
Orange Beach

Gutleut, Gutleutstraße 371A

Die Geschichte der Wasserhäuschen oder Kioske reicht in Frankfurt in das 19. Jahrhundert zurück. Der Frankfurter liebt diese kleinen Orte. Über 300 soll es davon noch geben, und jeder hat eine eigene kleine Geschichte.

Unter der Eisenbahnbrücke am Main im Gutleut, die Frankfurt und Niederrad verbindet, liegt einer der idyllischen schrägen Orte Frankfurts. Hier muss der Frankfurter nicht unter dem Pflaster den Strand suchen, hier liegt er, der Strand am Main. Ein Kiosk mit angeschlossenem Sandstrand und unverbautem Flussblick.

Es ist ein Ort von besonderer Atmosphäre. Der „Orange Beach" liegt zwischen zwei Brücken. Der Blick geht auf das gegenüberliegende Niederräder Klärwerk auf der Südseite des Mains. Schön verwitterter Sandstein der alten Niederräder Eisenbahnbrücke von 1881 kontrastiert mit kühlem und durch Graffiti verschönertem Beton der neuen S-Bahnbrücke von 1979.

Die Gäste sind die Angler vom Main, die Gartenbesitzer oder die Großstädter. Alles Menschen, die einmal aus der geleckten und glitzernden Atmosphäre der Lokalszene flüchten wollen. Besonderer Beliebtheit erfreut sich der Kiosk auch während der Übertragungen der Fußballspiele. Der Eintracht-Fan kommt gerne hierher. Gelegentliche Livemusik und die häufig vorbeiziehenden Schiffe geben dem Ort ein fast mediterranes Flair.

Ungeehrt
Pension Bettina

Westend, Bockenheimer Landstraße 89

Im ersten Stock dieser Pension wohnte von 1921 bis 1923 die wohlhabende Witwe Canetti mit ihren drei Söhnen. Elias Canetti, der Literaturnobelpreisträger von 1981, wurde 1905 in Russe in Bulgarien geboren. Die früh verwitwete Mutter lebte seit 1916 mit ihren Kindern in Zürich. 1921 wählte sie Frankfurt als neuen Wohnort für die Familie. Elias Canetti besuchte die Wöhlerschule. Hier wurde er besonders durch seinen Deutschlehrer, den späteren Archivdirektor Harry Gerber, geprägt.

Von der Frankfurter Zeit erzählt Elias Canetti im zweiten Band seiner Lebensgeschichte, dem 1980 erschienenen Buch „Die Fackel im Ohr", in dem es um den Zeitraum von 1921-31 geht. Die Namen, Personen und Ereignisse darin sind leicht verschlüsselt wiedergegeben. Die im Buch genannte „Pension Charlotte" war seinerzeit das „Haus Brentano. Fremdenheim für Familien", dann die „Pension Bettina" und ist heute das Hotel Palmenhof. Vor Ort ehren eine Plakette, ein Foto und eine „Canetti-Ecke" den berühmten Gast.

Zwei zentrale Werke seines Schaffens haben eine Frankfurter Prägung. Als 17-jähriger erlebte Canetti eine große Demonstration von Arbeitern und Bürgern nach der Ermordung des Reichsaußenministers Walter Rathenau. Dieses Massenerlebnis verarbeitete er in seinem Hauptwerk „Masse und Macht" (1960). Im Städel beeindruckte ihn das Gemälde „Simsons Blendung" zutiefst. Das Bild strahlte für ihn Hass und Grausamkeit aus. Seine Empfindungen verarbeitete er in dem Roman „Die Blendung".

Nachdem Canetti 1981 den Literaturnobelpreis bekommen hatte, verlieh ihm die Stadt Frankfurt dann auch die Goetheplakette.

Ungemäß
Das Haus Pfeiffer-Belli 68.

Westend, Neue Mainzer Straße 55

Das alte Haus in der Neuen Mainzer Straße wirkt heute fast wie ein Fremdkörper im Bankenviertel. Hochhäuser dominieren diesen Teil Frankfurts. Das in solcher Umgebung klein wirkende Gebäude war zu seiner Erbauungszeit im 19. Jahrhundert ein Ausdruck bürgerlichen Selbstbewusstseins. Zwei Namen sind mit diesem Haus verbunden, Erich Pfeiffer-Belli und Silvia Tennenbaum.

Erich Pfeiffer-Belli erzählt in seinen Lebenserinnerungen „Junge Jahre im alten Frankfurt" vom Leben in diesem gründerzeitlichen Haus. Unmittelbar benachbart war der ehemalige Sitz des Frankfurter Städel-Museums. Das Haus mit einem Garten, der weit in den Park des Anlagenrings hineinreichte, war der beschützte Spielplatz der Kinder und mit seiner Laube ein prominenter Ort der Beobachtung des Lebens und Treibens in den öffentlichen Parkanlagen.

Die zweite Beschreibung des Anwesens stammt von Silvia Tennenbaum. Kein Zufall, denn sie war die Tochter von Erich Pfeiffer-Belli. In ihrem Roman „Straßen von Gestern" berichtet sie von ihrer Kindheit in diesem Haus. Dort erscheint es literarisch als Haus einer Familie Wertheim. Darüber schrieb Silvia Tennenbaum in ihrem Buch: „Das Haus ... stammte aus den dreißiger Jahren des neunzehnten Jahrhunderts. Sein schlichter, fast strenger klassischer Stil wurde jetzt, da eine eklektischere und prunkhaftere Architektur in Mode gekommen war, als altmodisch angesehen, ... Es war ein sehr großes Haus. Als sie es 1878 kauften, verkörperte es das Äußerste an Vornehmheit und eine Pracht ...". Während der NS-Zeit befand sich in diesem Gebäude das Modeamt der Stadt Frankfurt.

Unbeschnitten
Phallus im Kloster

Innenstadt, Karmelitergasse 1

Eigentlich doch ein Skandal, was dort im Kreuzgang des schönsten Klosters Frankfurts als Teil der Ausstellung des Frankfurter Archäologischen Museums zu sehen ist. Eine kleine Steintafel mit einem erigierten, auf Tierbeinen stehenden, geflügelten Phallus, vor dem eine Frau mit ausgestreckten Armen kniet. Ein zweiter, kleinerer Phallus befindet sich zwischen den Beinen des „Wesens". Der Stein gehört wie andere Schätze des Museums auch (Mithrasaltar, Jupitersäulen, Raumdekorationen) zu den römischen Funden im Raum Frankfurt. Aber was war der Sinn dieser Tafel?

Das „römische Frankfurt" war zuallererst als Garnisonsstadt gebaut worden. Es lebten ca. 10.000 Menschen in einer ummauerten Siedlung, die zwischen der heutigen Römerstadt und der Nordweststadt lag. Das sogenannte „Nassauische Pompeji", wie die Siedlung im 19. Jahrhundert genannt wurde, war bis zu seiner Überbauung im 20. Jahrhundert eine der beeindruckendsten römischen Siedlungen Deutschlands (101 Unorte, Nr. 66).

Doch zurück zu unserem Relief. Prostitution gab es immer und Werbung auch. So könnte der Stein ein Hinweis für den römischen Soldaten gewesen sein, dass das Haus mit dem Phallussymbol ein Bordell war. Das lateinische Wort für Bordell war „Lupanar", die Prostituierte eine „Lupa", ein Wort, das sich vom lateinischen Wort „Lupus" Wolf bzw. Wölfin ableitet. Bekannt ist aus den römischen Bordellen auch, dass sich dort Knaben und junge Männer prostituierten. Die Hauszeichen an den heutigen Frankfurter Bordellen haben sich seither etwas geändert.

Unbegrenzt
Platz ohne Rand

Innenstadt, Paulsplatz

Ein öder Ort in Frankfurts Mitte wartet auf seine Bebauung: der Paulsplatz. Ein großes Nichts zwischen einer Pizzeria und der zwar nicht sehr alten, aber bedeutungsvollen Paulskirche. Seitlich der Busparkplatz an der Berliner Straße. Unten die Braubachstraße, einigermaßen verkehrsberuhigt. Gesamtnutzen des Platzes: keiner. Seine einzige vollständige Belegung findet während des Weihnachtsmarktes statt. Im September gibt es das Fest der Elsässer. Der Außenbereich eines Cafés belegt einen Teil des Platzes unter Platanen. Unter der Süd-Ost-Ecke eine der schönsten öffentlichen Toiletten Deutschlands.

Der Paulskirche fehlt ebenso die Begrenzung wie der Neuen Kräme. Denn diese Stelle war zu allen Zeiten bebaut. Hier war das im 13. Jahrhundert angelegte Barfüßerkloster. Dessen Kirche wurde 1529 die evangelische Hauptkirche Frankfurts. Dort waren das städtische Gymnasium und die alte Frankfurter Stadtbibliothek.

Die Neue Kräme war immer eine richtige Straße mit zwei Häuserfronten. Sie flankierten im 19. Jahrhundert zwei barocke Häuser, drei Gründerzeithäuser und die Alte Börse. Die Alte Börse war ein 1840-1843 errichteter spätklassizistischer Bau mit Innenhalle in maurischem Stil. Sie wurde 1952 wegen Kriegsschäden abgerissen.

Einen einzigen Anlauf zur Aufhebung dieser Ödnis gab es. Gestaltungsvorschläge von sechs bedeutenden Architekturbüros lagen der Stadt 1983 vor. Keiner wurde aufgegriffen, doch jeder wäre besser gewesen als die Fortschreibung dieses Unorts.

Unantastbar
Das Haus Passavant

71.

Innenstadt, Mainzer Gasse 1

Über einer Betonmülltonne rechts an der Nordseite des Hauses Wertheim befindet sich ein kleines unscheinbares Überbleibsel des Hauses einer ehemals sehr berühmten Frankfurter Familie. Es sind die Reste eines Fachwerkhauses, das den Krieg und die zerstörerischen Nachkriegsjahre nicht überstanden hat. Geblieben sind ein kleines Kapitell, ein Bogenansatz und Konsolen als Verzierung der historischen Brandmauer. Hier stand das Stammhaus der Familie Passavant.

Wer waren nun die Passavants? Die Familie stammte aus Frankreich, von wo sie aus Glaubensgründen im 16. Jahrhundert nach Frankfurt ausgewandert war. Deren Nachfahren gründeten einen Textil- und Eisenwarenhandel. Passavant war ein großer Name in Frankfurts Handelsbeziehungen, Politik, Medizin und Malerei. In heute vergessenen Gassen wie der Kerbengasse, Papageigasse, Falkengasse, Kaffeegasse und Schnurrgasse hatte die Familie ihre Besitzungen.

Ihren Reichtum verdankt sie zuvorderst dem Textilhandel. Der Historiker Alexander Dietz nennt ihre Waren: „seiden und halbseiden Zeugen, Schwanen-Bay, geflammte mouchierte, breite melierte und gepresste Bevers, glatte und gestreifte und geblümte Callmarks, gekörperte Manchester, Satin, ungeschwefelte und geschwefelte Cornrasche, Cloosterzeug, englische Wollwahren".

Der eher „schwere" Zweig der Familie war im Taunus in der Eisenverhüttung tätig. Diesen Teil des Passavant-Erbes belegt wenige Schritte vor dem Haus, unter der Durchfahrt, ein Kanaldeckel. Hier findet sich ebenfalls der Name Passavant-Zickwolf.

Unbewiesen
Pohlmann und die Hose

72.

Innenstadt, Kleine Bockenheimer Straße

Heinz Christian Pohlmann (1921-1990) war groß, eine stattliche Erscheinung, charmant, ein eloquenter Typ. Viele Jahre war er der Begleiter von Deutschlands berühmtester Prostituierten Rosemarie Nitribitt. Sie lernten sich in einer Frankfurter Bar kennen und wurden Freunde. „Pohlmännchen", wie die Nitribitt ihn nannte, wurde zu ihrem „Schlappe Hannes". Er kochte den berühmten Reisbrei, der bei der Obduktion der Leiche im Magen der Toten gefunden wurde. Er wachte in der Küche, wenn ein Kunde Rosemaries Probleme hätte machen können. Er führte den Hund der Nitribitt, den „Nuttenfiffi", aus. Er war ihr Begleiter für fast alles, außer fürs Bett, denn Pohlmann war schwul.

Pohlmann war nach dem Tod seiner Freundin einer der Mordverdächtigen. Er machte Aussagen, die er widerrief und verwickelte sich in Widersprüche. Plötzlich konnte er seine Schulden bezahlen und sich ein neues Auto kaufen. Als am 20. Juni 1960 der Prozess gegen ihn begann, war er schon vorverurteilt.

Durch Ermittlungsfehler nahm der Prozess eine Wendung zugunsten des Angeklagten. Dazu gehörte etwa, dass Pohlmann, wahrscheinlich aus Panik, eine Hose in der Nichtfarbe „mausgrau" in der schwulen Kneipe Barbarina in der Kleinen Bockenheimer Straße versteckte. Er befürchtete, dass die dunkelroten Flecken auf der Hose für Blutflecken der Nitribitt gehalten werden könnten. Ob es sich bei den Flecken um Rost oder Blut oder anderes handelte, ließ sich mit den damaligen Mitteln nicht mehr feststellen. Ihm konnte der Mord nicht nachgewiesen werden. Pohlmann wurde am 13. Juli 1960 in Anwesenheit eines Kamerateams der Tagesschau freigesprochen.

Unmäßig
Polizeiüberfall Rohrbachstraße

Nordend, Rohrbachstraße

Im Zuge des Protests gegen die Startbahn West des Frankfurter Flughafens errichteten die Widerständler im Flörsheimer Wald ein Hüttendorf. Es bestand aus ungefähr 60 Hütten, einer Kirche und einer Bibliothek. Am Morgen des 2. November 1981 wurde das Hüttendorf von der Polizei geräumt. Schon am nächsten Tag kam es republikweit zu Solidaritätsdemonstrationen mit den Betroffenen.

Eine Demonstration fand am Abend des 3. November in der Rohrbachstraße im Nordend statt. 800 Menschen fanden sich ein, ausgelassen und in heiterer Aufbruchstimmung sangen und tanzten sie, hörten Musik und deklamierten Parolen. Anwohner und Passanten brachten den Demonstranten ihre Sympathie entgegen.

Nicht aber die Polizei. Ein Sonderkommando von 200 Mann, im internen Sprachgebrauch „Todesschwadron" genannt, bereitete einen Hinterhalt vor. In zwei Gruppen lauerten sie in zwei Nebenstraßen. Es gab keinerlei Vorwarnung an die Demonstranten. Als die Truppen die Demonstranten genau in der Zange hatten, griffen sie mit unmäßiger Gewalt ein. Mit Knüppeln und Stiefeln sahen sich die Demonstranten traktiert. Einige Autos und eine Fensterscheibe fielen ebenfalls den Staatsorganen zum Opfer. Die Opfer flohen in Gärten, Hauseingänge und Hinterhöfe. Auch hierher wurden sie verfolgt, wenn es ging, auch zusammengeschlagen. Derartige Menschenjagden, so die Startbahngegner, kenne man vielleicht aus Ost-Berlin, Prag, Warschau und Santiago de Chile. Aber nun auch in Frankfurt?

Unsumme
Der Pomodoro-Brunnen

74.

Riederwald, Borsigallee

Den sogenannten Goetheplatz, ohnehin kein richtiger Platz, sondern eine randlose Freifläche, zierte einst ein wunderbarer Brunnen. Sein Schöpfer ist der Mailänder Bildhauer Gio Pomodoro, der damit einen Wettbewerb des Fördervereins „Schöneres Frankfurt" gewann. Der Brunnen wurde 1983 eingeweiht und kostete 1,4 Millionen Mark. Er bestand aus einem Wasserbecken mit 14 Meter Kantenlänge. In seiner Mitte befand sich eine sieben Meter hohe Installation aus Bronzeplatten.

Der Brunnen war Goethe gewidmet. Der Bildhauer beabsichtigte, den Standort des Brunnens und ein Gedicht von Goethe in der Skulptur miteinander ins Verhältnis zu setzen. So fanden sich dort Verse aus Goethes „Der Müllerin Reue" angebracht. Diese Verse handeln von der Sonne, den Sternen und einer Quelle. Die Bronze-Installation wirkte wie der Schattenstab einer Sonnenuhr. Die Sonne warf ihre Schatten auf Markierungen im Wasser, am Beckenrand und an der Stele selbst. An der Ostseite der Installation ragte ein Kubus hervor. Dessen Schatten fiel zur Sommersonnenwende exakt auf eine Punktmarkierung „21. Juni, 10 Uhr". Andere Schattenmarkierungen betrafen die Stunde und die Tag- und Nachtgleiche.

Der Brunnen gab dem Platz zwischen Steinweg und Goethestraße einen optischen Halt. In der Längsrichtung war er eine Antwort der Moderne auf das ferne Gutenberg-Denkmal auf dem südlichen Rossmarkt. Diese Brunnenanlage war von außerordentlich hohem intellektuellem Niveau. Sie war es, denn der Brunnen wurde 2004 abgebaut. Seitdem verrotten seine Bestandteile auf einem städtischen Depotgelände.

Unstabil
Die Praunheimer Brücke

75.

Praunheim, bei Praunheimer Landstraße 233

Am 30. August 1892, einem warmen Dienstag im Hochsommer, überquerte eine Straßenwalze mit einem Gewicht von 17,5 Tonnen die Praunheimer Brücke. Die Eisenkonstruktion dieser Bogenbrücke hielt dem Gewicht nicht stand und knickte in die Nidda ein.

Der Unfall sprach sich schnell herum und bedeutete für die Frankfurter eine höchst interessante Sensation. Zu Tausenden nahmen sie den Vorfall in Augenschein. Die Reparatur der Brücke wurde mit Absicht um zwei Wochen verzögert. Denn das Praunheimer Gastgewerbe sollte an diesen schönen Sommertagen noch etwas länger von den Schaulustigen profitieren.

Die alte Wegeverbindung von der Kaiserstadt Frankfurt nach Praunheim und darüber hinaus ist viele Jahrhunderte alt. Ursprünglich überspannte eine Holzbrücke die Nidda bei Praunheim. Die erste Erwähnung der Brücke datiert auf das Jahr 1556. Immer wieder gab es Reparaturen, etwa 1602, 1637 und 1642. Bei der Anlage der Chaussee von Frankfurt über Bockenheim und Praunheim nach Niederursel und Oberursel 1827 wurde sie erweitert. Seit 1913 befuhr eine Straßenbahn die Praunheimer Brücke. Eine letzte Überholung der Bogenbrücke geschah 1969.

Das heutige Brückenbauwerk ist von einem eher schlichten Aussehen. Erbaut von 1986 bis 1988, hat es eine Länge von 39 Metern. In die Brücke sind ein Grundstein von 1827 und eine Messingplatte von 1988 eingemauert, mit Erinnerungstexten zur langen Geschichte der Praunheimer Brücke.

Ungehemmt
Raubmord in Bockenheim

Bockenheim, Kurfürstenplatz 30

Der erste bewaffnete Bankraub der deutschen Nachkriegszeit ereignete sich – wo sonst? – in Frankfurt. Ein Krimi im wahren Leben. Drei Räuber überfielen am 16. August 1952 die Filiale der Deutschen Effekten- und Wechselbank in Bockenheim. Mit braunen Strumpfmasken über dem Kopf betraten sie das Gebäude. Vor der Tür stand ihr grauer Volkswagen mit laufendem Motor. Sie eröffneten ungehemmt das Feuer. Zwei Bankbeamte starben. Ein dritter wurde schwer verletzt.

Aus dem offenen Panzerschrank erbeuteten sie 900 Mark. Der 27-jährige Räuber Robert Kircher stopfte 3.000 Mark in eine Aktentasche. Dabei geriet er in den Kugelhagel der Kollegen und wurde schwer verletzt. In der Eile übersahen die Räuber einen Geldvorrat von 30.000 Mark. Karl Maikranz und Johann Mais, die beiden anderen, bargen ihren Komplizen und flüchteten mit heulendem Motor des Käfers.

Kurt Lorenz, ein Kunde, nahm mit seinem Wagen die Verfolgung auf. Eine irrsinnige Raserei, die Räuber schossen auf den Verfolger. Ein Bahnübergang stoppte ihn. Die Polizei war bereits wenige Minuten nach dem Banküberfall zur Stelle. Rasch fand sie den grauen Käfer und den schwer verletzten Kircher.

Alle drei waren gebürtige Bockenheimer. Ursprünglich wollten sie den Überfall mit Handgranaten durchführen. Auf ihr Konto ging auch ein Banküberfall in Kronberg und auf einen Frankfurter Lebensmittelhändler. Die Flucht der Kollegen, so Kircher, ging nach Österreich oder in die Ostzone. Sie wurden gefasst und bekamen lebenslängliche Zuchthausstrafen.

Ungesundheit
Rauchkammer am Airport

Stadtwald, Flugsteig B 44

Ist das nicht schön? Sich im Winter gemeinsam neben Müllcontainern mit Klatsch die Kälte zu vertreiben. Nicht vergessen, vorher auszustechen. Seien wir ehrlich und vergessen wir den Gedanken, Rauchen sei eine Angelegenheit der Unterschicht. Rauchen fördert vielmehr soziale Kontakte zu Gleichgesinnten, es überdeckt andere negative Gerüche, verschafft Entspannung und orale Befriedigung, hält schlank und dämpft den Appetit.

Raucher sterben fünf bis 18 Jahre früher und zudem schneller, was die Rentenkassen entlastet. Raucher zahlen hohe Tabaksteuern. Sie nützen der Volkswirtschaft. Das muss gefördert werden. Ein bekannter Unterstützer der Raucher ist „Camel". Eines der Projekte des Tabakunternehmens findet sich auf dem Flughafen, Flugsteig B 44. Was für den Nichtraucher ein Unort ist, stellt für den Raucher einen Platz der Glückseligkeit dar. Die "Camel Smoking Lounge". Ein exklusiver Warteraum für Flugreisende.

Rein äußerlich erinnert der Pferch an Hominidenhaltung im Zoo. Auf Deutsch: an ein Affenhaus. Abgeschottet mit Glas und ohne Außenfenster, gefällt der Raum mit einfachem, abwischbarem Mobiliar. Innen eine Konzentration von Rauchern in einer Konzentration von Rauch. Hier, unter sich, darf besonders hastig und genussvoll gezogen werden. Zeit ohne Ende für das Vergnügen, unbelästigt vom Terror der Gesunden und Korrekten. Kaum einmal betrachtet ein Interessent das Rauchverhalten seiner Artgenossen durch die Scheibe. Hier ist die Welt noch in Ordnung, dank Camel (Hinweis Christian Stoess).

Ungeklärt
Rechtsmedizin Kennedyallee

78.

Niederrad, Kennedyallee 104

Es sind über 20.000 Untersuchungen, die jährlich durch die Frankfurter Rechtsmedizin durchgeführt werden. Die meisten dienen dem Nachweis von Alkohol oder Drogen im Blut. Es sind aber auch die spektakulären Frankfurter Kriminalfälle, die auf den Obduktionstischen der Rechtsmedizin in der Kennedyallee landen und der Aufklärung ein Stück nähergebracht werden.

In der Frankfurter Rechtsgeschichte gab es verschiedene Orte, die mehr oder weniger geeignet waren, die Verbrechen der Vergangenheit aufzuklären. Der wichtigste Schritt war mit der Gründung der Senckenbergischen Anatomie 1763 getan. Mit der Eröffnung der Frankfurter Universität 1914 wurde die Rechtsmedizin Teil der Medizinischen Fakultät.

Am 1.11.1957 wurde die Leiche Rosemarie Nitribitts gefunden und durch den forensischen Mediziner und Psychiater Reinhard Redhardt obduziert. Der Leichnam hatte drei Tage auf dem Boden der Wohnung in der Stiftstraße gelegen. Der Körper war, bewirkt durch die Fußbodenheizung, in starke Fäulnis übergegangen. Laut Obduktion wurde ein Gegenstand auf den Hinterkopf Rosemarie Nitribitts geschlagen. Auf der Stirn befanden sich Kratzspuren. Wahrscheinlich wurde sie von hinten gewürgt. Der Schädel wurde vom Körper getrennt und im Frankfurter Polizeipräsidium aufbewahrt. Redhardt begutachtete auch den als Mörder angeklagten Heinz Pohlmann, den er in seinem Gutachten für einen Aufschneider und Schmarotzer hielt, aber nicht für den Mörder. Pohlmann wurde freigesprochen, der Mord ist bis heute ungeklärt.

Untergrund
Die Rote Hand

Westend, Guiollettstraße 25-27

Der Kaufmann Georg Puchert, bei seinem Tod 43 Jahre alt, liebte das Meer. Er kaufte sich einen Kutter und zog mit Frau und Kind nach Tanger. Zigarettenschmuggel nach Spanien machte ihn reich. Sein Spitzname: Captain Morris. Dann begann der Algerienkrieg. Im Mai 1958 traf er aus Tanger kommend in Frankfurt ein, um Verhandlungen zu führen. Sein Auftrag: den Rüstungsnachschub der im Untergrund agierenden algerischen Rebellenarmee neu zu organisieren. In Hamburg bestellte er zuerst einmal 40 Tonnen TNT aus Dänemark.

Pucherts Machenschaften blieben der Gegenseite nicht verborgen. Die Gegenseite, das war die französische terroristische Vereinigung „La main rouge" (Die rote Hand). Nach zeitgenössischen Spiegel-Recherchen handelte es sich um eine Vereinigung von Idealisten und Ganoven, welche die französische Macht mit allen Mitteln erhalten wollten. Sie sahen sich als patriotische Franzosen. Ziel ihres Terrors waren die algerischen FLN-Rebellen. Intern wurden sie von dem CATENA-Geheimbund gesteuert, deren Führer ein ehemaliger französischer Oberst war. Vordringlichste Beschäftigung war die Ermordung von FLN-Funktionären europaweit und aller für Algerien tätigen Waffenhändler.

Am 3. März 1959 verließ Georg Puchert abends die Wohnung seiner Geliebten in der Lindenstraße Nr. 3. Sein grauer Mercedes 190 parkte in etwa fünf Minuten Entfernung in der Guiollettstraße. Es war 9.12 Uhr, als der Motor ansprang. Die Detonation zertrümmerte alle Glasscheiben in 70 Metern Umgebung. Puchert liegt mit zerfetztem Unterleib auf der Hupe. Ein Dauerton erklingt. Die Ermordung Pucherts war das Ergebnis einer sorgsamen Planung.

Unwürdig
Ruine im Wald

Niederrad, Am Oberforsthaus

Goethe-Orte in Frankfurt gibt es viele. Wir erinnern nur an den Wasserhof (101 Unorte, S. 198). Ein weiterer solcher Ort befindet sich im Sachsenhäuser Stadtwald. Es ist das allseits bekannte Oberforsthaus. Im Faust findet sich das Zitat: „Warum denn dort hinaus? Wir gehn hinaus aufs Jägerhaus." Damit meinte der Dichter, dessen ist sich die Forschung sicher, das Oberforsthaus. Auch ist er hier 1814 eingekehrt.

Das Forsthaus wurde 1729 für einen Frankfurter Patrizier namens Carl Baur von Eysseneck erbaut, der dort als reitender Oberförster amtierte. Er beantragte die Genehmigung zum Ausschank. Auf diese Weise wurde das Forsthaus bald ein beliebtes Ausflugsziel für die Städter. Schließlich war das angrenzende Waldstück alljährlich Schauplatz des Wäldchestags. War der prominenteste Besucher der Gaststätte Goethe, so war der höchstrangigste Besucher zweifellos Kaiser Leopold II. im Jahre 1790.

Zwischen 1889 und 1925 verkehrte sogar eine Tram zwischen Untermainbrücke und Oberforsthaus, die spätere Linie 15. Das Oberforsthaus wurde durch einen Bombenabwurf im Zweiten Weltkrieg schwer getroffen. Der weitgehende Abriss erfolgte 1963. Als einziges Bauwerk der alten Försterei haben sich noch die Stallungen erhalten. Sie stehen zwar unter Denkmalschutz, sind aber in unwürdigem Zustand.

Das heutige Areal des Oberforsthauses ist nur mäßig heimelig. Es ist ein inselartiges Waldgrundstück, umgeben von verkehrsumtosten Autobahnzubringern. Von oben grüßt die Einflugschneise des Flughafens. Jüngst erwarb die Stadt Frankfurt das Gelände für 700.000 Euro. Es gibt Überlegungen, den erhaltenen Gebäudeteil mit einem Hotelneubau zu verbinden.

Unbemerkt
Der Schirn-Kunstraub

Innenstadt, Römer

Der spektakulärste Kunstraub der deutschen Nachkriegsgeschichte fand natürlich in Frankfurt statt. Drei Ölgemälde wurden am 29. Juli 1994 aus der Ausstellung „Goethe und die Kunst" der Schirn gestohlen. Die Täter hatten sich am Abend unbemerkt einschließen lassen und dann die Bilder abgehängt. Zwei Turner aus dem Besitz der Londoner Tate-Gallery und ein Caspar David Friedrich der Hamburger Kunsthalle.

Zwei Mitglieder der Diebesbande und ein Hehler konnten gefasst werden. Deren Aussage führte in den Umkreis der Frankfurter „Jugoslawen-Mafia". Mit dem mutmaßlichen Hauptverdächtigen, der unter dem Namen Stevo firmierte, wurden zwar Verhandlungen geführt, diese kamen aber zu keinem Ergebnis. Die Strafverfolgung scheiterte und die Versicherungssumme von 40 Millionen Euro wurde den Eigentümern der Bilder ausgezahlt.

Die Tate-Gallery blieb weiter aktiv. Schließlich kaufte sie im Jahr 2000 für angeblich zwei Millionen Mark über den Anwalt von Stevo einen Turner zurück. Die Übergabe der Anzahlung erfolgte auf einer Bad Homburger Parkbank. Der zweite Turner wurde im Herbst 2002 für ebenfalls zwei Millionen Mark von den Inhabern einer Frankfurter Autowerkstatt am Zoo über denselben Anwalt zurückgekauft. Die Tate-Gallery konnte einen Gewinn von 20 Millionen Euro verbuchen.

Schließlich kaufte die Hamburger Kunsthalle auf gleichem Weg auch das Friedrich-Bild zurück. In diesem Fall betrug das Lösegeld 250.000 Euro. Damit konnten alle drei Gemälde über Hehler erfolgreich zurückgekauft werden.

Unbekleidet
Schneider am Sims

Innenstadt, Ecke Zeil/Stiftstraße

Die Geschichte der Zeil ist schnell erzählt: erst Viehmarkt, dann die Straße der Frankfurter Hotels und schließlich seit etwa 1890 die Straße der Kaufhäuser. So weit, so einfach.

Die Zeil (Namensherkunft: die Häuser stehen in einer „Zeile") entstand über den Glacis (freies Vorgelände) der Staufermauer des 12. Jahrhunderts. Zunächst Ort des Viehmarkts, wurde die Straße wegen ihrer Nähe zur Messe und zum Dom bald der Ort der besseren Frankfurter Hotels: der Weidenhof, das Rote Haus, der Russische Hof, der Römische Kaiser standen hier. 1888 verlagerte sich die Hotellerie in Richtung Hauptbahnhof. Die Zeil wurde die Straße der großen Kaufhäuser. Bekannt waren Kaufhaus Wronker (101 Unorte, Nr. 39), Warenhaus Schmoller und Grand Bazar, später Kaufhaus Hansa.

Berühmt waren die Stoffkaufhäuser auf der Zeil. Die Messen hatten aus Frankfurt eine Stadt der Stoffe gemacht. Eine bekannte Stoffhandlung auf der Zeil war die Firma Rogge. Samstagnachmittags war das Rattern der Nähmaschine in so mancher Frankfurter Wohnung zu hören. Ein heutiges Paradies der Kurzwaren ist Wächtershäuser in der Töngesgasse.

Das einstige Eldorado der Nähbegeisterten war das Kaufhaus Schneider an der Ecke zur Stiftstraße. Der letzte Rest des 1899 erbauten Kaufhauses rund um den Stoff ist das Bürohaus an der Ecke zwischen Stiftstraße und Zeil. 1937 entstand hier nach den Plänen des Architekten Adolf Assmann ein Gebäude in Bauhaustradition. Die Muschelkalk-Platten sind mit feinen Zierschrauben befestigt. Hier sehen wir die monumentale Figur eines Schneiders, der einen Stoffballen vor sich hält.

Unbeweibt
Schopenhauer im Englischen Hof

Innenstadt, Rossmarkt 13-15

Der 1797/98 am Rossmarkt erbaute Englische Hof war das beste Frankfurter Hotel und Gasthaus seiner Zeit. Architekt war Nicolas Alexandre Salins de Montfort. Weltweite Bedeutung erlangte der Englische Hof durch seinen berühmten Gast, den Philosophen Arthur Schopenhauer. Dieser hatte eine Wohnung in dem Haus Schöne Aussicht 17, später nebenan im Haus Schöne Aussicht 16. Täglich um ein Uhr mittags ging er von hier mit seinem Pudel zum Englischen Hof am Rossmarkt.

Schopenhauers Stammplatz an der Table d`hôte befand sich im großen Gästezimmer. Er konnte sicher sein, hier stets sein eigenes Besteck und seine Serviette im silbernen Ring zur Verfügung zu haben. Bei der Table d`hôte handelt es sich wörtlich um das Gericht des Hausherrn, also um das Tagesmenü zu einem fixen Preis. Es wurde im Englischen Hof ab zwölf Uhr mittags und um Punkt neun Uhr abends serviert. Schopenhauer nahm dieses Mittagsmahl 27 Jahre lang ein, bis zu seinem Tode.

Nach dem Essen ging Schopenhauer gerne quer über den Platz zur gegenüberliegenden Lesegesellschaft im Casino, Rossmarkt 10. Diese verfügte über eine vorzügliche Bibliothek mit deutschen und ausländischen Büchern und Zeitschriften. Sie war zwölf Stunden am Tag geöffnet.

Eine höchst unrühmliche Rolle wurde dem Englischen Hof 1866 zuteil. Das Hotel wurde von preußischen Besatzungstruppen eingenommen und diente als Hauptquartier des Oberbefehlshabers. Das klassizistische Gebäude wurde bereits 1904 abgerissen.

Ungeniert
Schwule Sterne

84.

Nordend, Eschersheimer Anlage 40

Das ehemalige Volksbildungsheim am Eschenheimer Turm, eröffnet 1908, war ein Ort der Veranstaltungen und der Erwachsenenbildung. Weithin bekannt war es als Sitz des legendären Theaters am Turm. Der seinerzeitige TaT-Intendant (1979 bis 1985) Peter Hahn beauftragte 1982 den Berliner Journalisten und bekannten Schwulenaktivisten Elmar Kraushaar mit der Durchführung eines schwulen Theaterfestivals mit dem Titel „Stern Zeichen" im TaT.

Es wurden zwei spannende Wochen zum Jahreswechsel 1982/83, in denen im Haus von morgens bis abends Lesungen, Kleinkunst, Podiumsdiskussionen und Konzerte stattfanden. Alles war ausverkauft. Barbara Valentin diskutierte über „Homosexuelle und Frauen", Werner Schröter sprach über die Frage „Gibt es eine schwule Ästhetik?". Die Bühne war frei für den gerade 19-jährigen Thomas Hermanns; Georgette Dee, 24 Jahre alt und Marianne Rosenberg kamen zur großen Silvestergala. Die schwule Frankfurter Theatergruppe „Maintöchter" trat hier ebenfalls auf.

Kritik gab es auch. Zum einen wurde in der Presse ein solches Festival für unnötig befunden, was manche Stimme in der Stadt wiedergab. Auch wurde dagegen protestiert, dass ein Berliner – Elmar Kraushaar – und kein Frankfurter das Festival organisierte.

Das Festival war so erfolgreich, dass es 1983 wiederholt wurde, ergänzt um eine Aufführung der „Bitteren Tränen von Petra Kant" von R. W. Fassinder. Es spielten nur Männer. Dass ein Stadttheater ein schwules Festival dieser Größe und mit diesem Erfolg veranstaltet, hat es seither nicht mehr gegeben (Hinweis Elmar Kraushaar).

Unterschied
Staustufe Niederrad

Niederrad, Niederräder Ufer

Der Main fließt fast 27 Kilometer weit durch Frankfurt. Der Höhenunterschied des Mains von Mainz bis Frankfurt-Niederrad beträgt etwa 10,4 Meter. Um den Fluss schiffbar zu machen, wurde schon früh versucht, die Gewässer zu regulieren. Auf dem von Matthäus Merian 1628 gestochenen Stadtplan sieht man auf der Höhe des Fischerfeldes ein Nadelwehr. Mit ins Wasser gerammten Holzstämmen wurde die Fließgeschwindigkeit des Flusses verlangsamt und das Wasser aufgestaut.

Zu Beginn der Industrialisierung, mit erhöhtem Frachtaufkommen, musste der Main ein „verlässlicher" Fluss werden. Kaimauern wurden angelegt, die zwölf Furten im Bereich der Frankfurter Altstadt weggebaggert, der Kaiserley (Ley ist das keltische Wort für Fels, siehe Loreley) gesprengt. Von Mainz bis Frankfurt wurden fünf Staustufen angelegt. Eine jede bestand aus einem Nadelwehr, einem Fischdurchlass, einer Floßgasse (auch die großen Holzflöße mussten durch die Staustufe) und einer Schleusenanlage für die Güterschifffahrt. Eine komplizierte Angelegenheit, denn es musste auch die Kette des Kettenschiffs, der „Maakuh", in die Staustufe mit eingebaut werden.

Reste einer ehemaligen Staustufe und Schleuse haben sich zwischen dem Sommerhofpark und dem Licht- und Luftbad Niederrad erhalten. Sie wurde 1883 bis 1885 angelegt. Zu sehen sind noch einige Pfeiler der Staustufe und vor allem die Schleusenbecken in Niederrad. Heute befindet sich hier auf der Niederräder Seite das ehemalige Mainschwimmbad „Licht- und Luftbad Niederrad". Dieses Bad war übrigens das letzte Bad, das der jüdischen Bevölkerung Frankfurts bis 1938 zur Verfügung stand.

Unrein
Die Stinkpassage

Bahnhofsviertel, Hauptbahnhof

Hier geht es um einen Unort, mit dem sich in erster Linie die Nase beschäftigt. Die Stinkpassage im Hauptbahnhof. Dabei handelt es sich um alles andere als einen finstern, verborgenen Ort, im Gegenteil. Der Durchgang befindet sich an einer außerordentlich prominenten Stelle, sodass sie von viel Publikum beschnuppert werden kann. Die Lokalpresse kommentiert die Örtlichkeit seit Langem, und das „Journal Frankfurt" widmete ihr eine Karikatur. Alles kein Grund, etwas zu ändern. Im Gegenteil, das Objekt wird in seinem Zustand seit Jahren liebevoll gepflegt und erhalten.

Unnötig eigentlich zu fragen, wo die Stinkpassage ist. Für Ortsfremde sei sie dennoch beschrieben. Wir kommen mit der U 4 oder U 5 am Hauptbahnhof an. Mit der Rolltreppe fahren wir hinab zum Bahnsteig der S-Bahn in Richtung Westen, also nach Wiesbaden, Flughafen, Niedernhausen, Bad Soden, Kronberg, Bad Homburg und Friedberg. Am Ende der Rolltreppe geht es nach rechts. Noch einmal eine kleine Rolltreppe oder, für die Sportlichen, 11 Stufen hinunter. Hier riecht man es.

Ein buntes Durcheinander von Gittern, Eimern, Röhren, Schildern. Die öffentlichen Verkehrsmittel haben anscheinend keinen Bauhof und überfüllte Lagerräume. Und es sieht nicht nur aus wie ein Müllhaufen, es riecht hier auch so. Der Geruch von Urin liegt über allem. Hartgesottene finden das Ensemble vielleicht malerisch. Die Sensiblen, viele Frauen darunter, halten sich die Nase zu, wenn sie das Objekt passieren. Haben wir schon öfters gesehen, im Ernst (Hinweis L`Oréal).

Unbewacht
Wachensturm 1833

Innenstadt, Hauptwache

Nationale Einheit und das Ende des Absolutismus, das waren die Ziele zweier Feste der frühliberalen Opposition am 27. Mai 1832, zeitgleich auf der Schlossruine Hambach an der Pfälzer Weinstraße und auf dem Sandhof in Frankfurt. Daraus resultierte ein bewaffneter Aufstand am 3. April 1833 in Frankfurt, dem Sitz des Deutschen Bundestages. Der Plan war erstens, die beiden Frankfurter Wachen zu stürmen. Zweitens, die Bundesgesandten gefangenzunehmen. Und drittens, daraus eine nationale und demokratische Revolution für ganz Deutschland zu bewirken.

Gegen 21.30 Uhr erschienen knapp 50 Aufständische unter Führung von Gustav Bunsen mit Musketen und Bajonetten durch den Großen Hirschgraben und die Katharinenpforte zur Hauptwache. Sie stürmten das Gebäude. Die Wachmannschaft von 51 Soldaten blieb untätig, lehnte aber eine Teilnahme an der Revolution ab und floh. Die einsitzenden Literaten Freyeisen und Sauerwein wurden befreit. Gustav Bunsen rief das vor der Hauptwache versammelte Volk zur Revolution auf. Die Reaktion war gering.

Auch die Konstablerwache wurde nach der Flucht der Wachmannschaft erobert. Anführer waren die polnischen Offiziere Michalski und Lelewel. Auch hier wurden die Gefangenen befreit und die Revolution ausgerufen.

Als die Revolution nicht ausbrechen wollte, eilten die Aufrührer zum Domturm. Die Ehefrau des Türmers läutete um 22.45 Uhr die Sturmglocke, gezwungenermaßen. Das Linienmilitär rückte an und die Revolutionäre retteten sich überwiegend durch Flucht. Die Revolution von 1833 hinterließ neun Tote und 34 Verletzte.

Unglück
Der Sturz Senckenbergs

Innenstadt, Stiftstraße 29

Mit dem Namen Senckenberg verbindet sich heute das wunderbare große Naturmuseum im Westen Frankfurts (102 Unorte, Nr. 7). Eingeweihte wissen, dass auch Teile der Universitätsbibliothek und das Bürgerhospital, heute an der Nibelungenallee gelegen, eine Stiftung Senckenbergs sind.

Johann Christian Senckenberg wurde 1707 in der Hasengasse geboren. Er stammt aus einer angesehenen Apotheker- und Arztfamilie. Zusammen mit zwei Brüdern erreichte er ein hohes Alter. 1737 wurde ihm in der Universität Georgia Augusta zu Göttingen die Doktorwürde der Medizin verliehen. Seitdem praktizierte er in Frankfurt. 1763 beschloss er, sein gesamtes Vermögen im Wert von 95.000 Gulden zu stiften. Der Grund dafür war ein zweifacher: Erstens "Ermangelung ehelicher Leibes-Erben". Zweitens „Liebe zu meinem Vaterland".

Die Stiftung erwarb für 23.000 Gulden ein zwei Hektar großes Grundstück vor der Stadtmauer am Eschenheimer Tor. Dort wurden in der Folge das Stiftshaus, ein Chemielabor, das Bürgerhospital, die Bibliothek und der medizinische Garten gebaut. Ein Gewächshaus und eine Anatomie errichtet. Der Stifter selbst zog in das Stiftshaus.

Johann Christian Senckenberg war sich nicht zu schade, eigenhändig mitzubauen. Mit einer Maurerkelle legte er 1771 den Grundstein für das Bürgerhospital, an der Ecke Radgasse/Hinter der Schlimmen Mauer. Am 15. November 1772 kletterte er auf dem gerade errichteten Uhrtürmchen des Spitals herum. Dabei passierte das Unglück. Er verlor das Gleichgewicht, stürzte in die Tiefe und war tot. Seine Grabstätte fand er an der Rückseite des Stiftshauses.

Ungedruckt
Die Tafel bei Guaita

Innenstadt, Neue Mainzer Straße 28

In Frankfurt zu bauen und die Erde aufzubaggern ist zwar nicht so erregend wie in Rom oder Athen. Dennoch finden sich dabei im Stadtbereich oft Reste früher Bauwerke. In der Neuen Mainzer Straße sind es Teile der historischen Frankfurter Stadtmauer und der Bastionen. Als 2002 mit dem Neubau eines Geschäftshauses in der Neuen Mainzer Straße 28 begonnen wurde, kam die Grundstein-Tafel eines Vorgängerbaus zum Vorschein. Diese gravierte Steintafel gehörte zum 1819 errichteten Gebäude des G.J.F. von Guaita.

Die Neue Mainzer Straße wurde nach 1806 über der ehemaligen Stadtbefestigung errichtet. Die zur Wallanlage hin gelegenen Häuser hatten großartige Gärten. Die Gebäude waren von der großbürgerlichen Eleganz des Frankfurter Klassizismus geprägt. Das erste Gebäude des Städel-Museums befand sich ebenfalls hier, dem kunstinteressierten Frankfurter zur Freude. Die Guaitas stammen vom Comer See und kamen im 17. Jahrhundert nach Frankfurt. Der Handel mit Tabak und Gewürzen machte die Familie reich. G.J.F. von Guaita war mit einer Schwester Clemens und Bettine Brentanos verheiratet. Sie galt als eine der Frankfurter Schönheiten, von der Goethes Mutter behauptete, man solle ihr Portrait im Kaisersaal aufhängen, damit jeder wisse, wie schön die Frankfurter Frauen seien. Ein Portrait von Ludwig Grimm legt dies auch nahe. Bettine begleitete das anachronistisch noble Gehabe der Familie Guaita immer mit einer gewissen Kritik.

1871 ging das Anwesen an die Familie Reiss über und durch Einheiraten an die Familie Hauck. Hier wären wir aber schon bei einer anderen großen Frankfurter Familie.

Unvermittelbar
Die erste Telefonvermittlung

Innenstadt, Stiftstraße 21

Frankfurt verdankt seine Entwicklung der zentralen Lage in der Mitte Deutschlands. Das trifft auf alle Verkehrsformen genauso zu wie auf die Fernmeldetechnik. In Frankfurt wurden die Telegrafen von Soemmerring (1809), der Zeigertelegraf von Werner von Siemens (1849) und das Telefon von Philipp Reis (1861) vorgeführt.

Das erste Frankfurter „Telegraphen Büro" befand sich an der Taunusanlage neben dem Blittersdorfschen Palais und dem Main-Neckar-Bahnhof. 1856 zog das Telegrafenamt in das Fertsch-Fingersche Haus in der Bethmannstraße um. Nahebei stand, östlich der Paulskirche, die Frankfurter Börse.

Die erste Frankfurter Telefonvermittlung befand sich ab August 1881 zwischen der Zeil und der Stiftstraße im ehemaligen Postamt. Ein Ferngespräch ging so vonstatten: Ein Anrufer drückte den „Weckknopf". Im Klappenschrank des Fernsprechamts fiel eine Klappe und gab die Nummer des Anrufers bekannt. Ein Beamter meldete sich mit „Hier Amt, was beliebt?". Der Anrufer nannte die Nummer seines gewünschten Korrespondenten. Die Verbindung wurde hergestellt. 1881 gab es 28.137 derartige Vorgänge. Dazu erschien im Herbst 1881 das erste Frankfurter Telefonbuch, „Das Verzeichniss der bei der Fernsprech-Einrichtung Betheiligten". Hierin standen die ersten 131 Teilnehmer, schon bald wurden handschriftlich weitere 100 Namen ergänzt.

Bereits 1886 konnten Fernsprechverbindungen ins befreundete „Ausland", die östlich von Frankfurt gelegene Kleinstadt Offenbach, hergestellt werden. Ein bis heute unvermittelbares Ereignis (Hinweis Ulrike Schiedermair).

Unsäglich
Der Theatertunnel

Innenstadt, Berliner Straße

Der Theatertunnel unterquert das Schauspielhaus und die Oper am Willy-Brandt-Platz. Er ist 415 Meter lang, mitsamt Rampen 650 Meter, und wurde im Jahr 1974 eröffnet. Die Erbauung geschah ab 1970 in einem Zug mit dem U-Bahnhof Theaterplatz. Zu dieser Zeit galt der Theatertunnel als technisches Meisterwerk. Die Röhre verbindet die Berliner Straße im Osten mit der Gutleutstraße im Westen. Täglich wird er von 14.000 Autos durchfahren, mehrheitlich von Ost nach West.

In einem erfreulichen Zustand ist der Theatertunnel, wenn er gesperrt ist. Dann muss der Verkehr ohne ihn auskommen und es geht trotzdem. Dann kann der Tunnel auch seiner einzigen vielleicht sinnvollen Verwendung zugeführt werden, als Location für grandiose und unvergleichbar gute Parties.

Die Einfahrt zum Theatertunnel an der Berliner Straße ist eine der hässlichsten städtebaulichen Situationen der Frankfurter Innenstadt. Ihm fiel die Hälfte des Hirschgrabens zum Opfer. Historische Bauten wie die Paulskirche und das Karmeliterkloster wurden gleich mit in den ästhetischen Abgrund gerissen. Der unsägliche Tunnel hat das gesamte Altstadtgefüge an dieser Stelle großflächig vernichtet. In der Trogeinfahrt wurde jetzt Flüsterasphalt verlegt, was für ein Fortschritt. Und dann noch diese lächerliche Fußgängerbrücke über der Einfahrt mit freier Sicht auf den fließenden Verkehr.

Bei allem Lamentieren gibt es doch einen kleinen Lichtblick an der Südseite: den Eintracht-Fanshop.

Unfassbar
Tod am Wasserwerfer

Gallus, Ecke Frankenallee/Hufnagelstraße

Die NPD plante für den Abend des 28. September 1985 eine Versammlung. Ausgerechnet im Haus Gallus sollte das Treffen stattfinden, an jenem Ort, an dem ab 1963 die Frankfurter Auschwitzprozesse stattgefunden hatten (102 Unorte, Nr. 68). Die Ortswahl war eine gezielte Provokation seitens der NPD. Von 70 Teilnehmern wird berichtet.

Auf Initiative linker Vereinigungen kam es zu einer Gegendemonstration. Daran nahmen ca. 700 Menschen teil. Unter den Demonstranten befand sich auch der gelernte Maschinenschlosser und politische Aktivist Günter Sare, geboren 1949 in Gelnhausen. Sare war auch Vorstandsmitglied des Jugendzentrums Bockenheim.

Die beiden Gruppierungen stießen aufeinander. Es drohte eine Straßenschlacht. Die Demonstrantengruppe mit Günter Sare befand sich genau an der Kreuzung von Frankenallee und Hufnagelstraße. Ein 27 Tonnen schwerer Wasserwerfer der Polizei fuhr auf diese Gruppe zu. Alle flohen, nur Günter Sare nicht. Ein scharfer Wasserstrahl warf ihn um. Beim Aufprall erlitt er eine Kopfverletzung. Dann überfuhr ihn das Fahrzeug. Erste Hilfe von anwesenden Medizinern blieb vergeblich. Er war sofort tot.

Noch am Abend kam es, nachdem der Vorfall bekannt wurde, in Frankfurt zu größeren Krawallen mit erheblichem Sachschaden. Auch in anderen Städten der BRD versammelten sich solidarische Menschen zu Demonstrationen. Am JuZ Bockenheim erinnert eine Plakette an den toten Frankfurter Demonstranten.

Unfalltod
Der Tod kam an Pfingsten

Stadtwald, Mörfelder Landstraße

Pfingstsonntag in Frankfurt. Es ist der 22. Mai 1983. Am Oberforsthaus ist der Wäldchestag schon in vollem Gange. Pfingstturnier auf den 20 Tennisplätzen am Waldstadion. Tag der offenen Tür bei den amerikanischen Streitkräften am Rhein-Main-Airport. 400.000 Besucher schauen zu, wie fünf Düsenjäger F-104 Starfighter der 439. Kanadischen Flugstaffel „Fighter Squadron" eine Routineformation fliegen. Doch ein Jet hält sich nicht an die Routine und bricht aus der Formation aus.

Fast senkrecht sturzt er auf die Bundesstraße 44 in Höhe des Waldstadions. Wrackteile fliegen umher. Um 14.15 Uhr ist über den Bäumen eine Rauchsäule zu sehen. Alan Stephenson, der 27-jährige Pilot der Unglücksmaschine, konnte sich mit dem Schleudersitz retten. Die Absturzursache ist laut Gutachten menschliches Versagen.

Szenenwechsel. Zu Martin Jürges, 40 Jahre alt, dem bekannten „Friedenspfarrer" der Evangelischen Hoffnungsgemeinde aus dem Gutleutviertel. Der Priester war als Rüstungsgegner bekannt und friedenspolitisch aktiv. Jürges ist in seinem Peugeot Kombi auf dem Weg zum Pfingstausflug. Mit dabei: seine Frau Irmtraud, Mutter Erna, die Kinder Jan und Katarina und die Nichte Gesine Wagner. Auf der B 44 wird der Wagen von brennenden Wrackteilen des Starfighters getroffen. Alle sechs Insassen kommen ums Leben. Die Unglücksstelle markiert heute ein großes weißes Kreuz. An der Südseite des Frankfurter Hauptbahnhofs erinnert der Familie-Jürges-Platz an das tragische Ereignis.

Ursprung
Der Seckbacher Mühlbach

94.

Seckbach, Hintergasse 16

Der Lohrberg ist der Geburtsort vieler Quellen. Das Regenwasser staut sich auf unterirdischen Tonschichten, darauf liegen sandige Mergelschichten. Das darin geborgene Wasser entspringt als Bachgrund, Pfingstgetrieschen, Pfingstlohr und Wüst. Diese vier Quellen vereinigen sich auf der Höhe von 135 Meter über NN zum Mühlbach. Eine weitere Quelle am Lohrberg, der Draisborn, mündet erst in der Hintergasse ein. Ein Faltblatt mit Karte erläutert einen Wanderweg von sechs Kilometern Länge entlang der Quellen im Bereich des Lohrbergs. Informationsstelen erzählen die Geschichte und Nutzung der Gewässer.

Kaum in der Welt, wurde der Mühlbach zu mehreren Teichen aufgestaut. Diese Mühlteiche dienten zum Betrieb der Seckbacher Mühle. Der Name „Seckibah", erwähnt erstmals 882 im Lorscher Kodex, bedeutet Sickerwasser, was sich schlüssig aus der Quellenumgebung erklärt. Die Seckbacher Mühle datiert aus dem Jahr 1773. Mühlsteine von ihr befinden sich vor dem Gebäude „Im Mühlchen" in der Hintergasse 16. In der Hintergasse, an der Ecke zum Grundstück Alsfelder Straße 2, ist unter zwei Buchen auch ein kleiner Teil des Baches im Dorfbereich zu sehen.

Insgesamt ist der Seckbacher Mühlbach nur einen Kilometer lang. In jüngster Zeit, seit 1990, verlässt der Seckbacker Mühlbach den Ort unterirdisch. In Röhren verlegt, begibt er sich ins Seckbacher Ried.

Unbesiegt
Tote Hessen

Nordend, Mercatorstraße 17

Truppen des revolutionären Frankreich stehen in Frankfurt. 1.500 Mann. Ihr Befehlshaber: General Adam-Philippe Custine, genannt „général moustache". Mit gewaltigem Schnauzbart. Es ist der 2. Dezember 1792, kein halbes Jahr nach der letzten Kaiserkrönung.

Auf der Bornheimer Heide vor dem Friedberger Tor lagerte ein Hessisches Corps mit 6.600 Soldaten. Zur Unterstützung kamen die Preußen samt ihrem König hinzu. Der französische Stadtkommandant schickte einen Trompeter zum Stadttor, um zu kapitulieren. Zuvor jedoch ritten ca. 25 Hessen durch das Friedberger Tor. Die überraschten Wachen zogen die Brücke hoch. Ein Bataillon Hessen unter Prinz Karl von Hessen-Philippstal rückte gegen den Stadtgraben nach. Preußische Geschütze fuhren zur Unterstützung auf. Die französischen Grenadiere hinter den Mauern feuerten Salve um Salve auf die schutzlos vor ihnen stehenden Soldaten. 82 tote Hessen lagen vor dem Friedberger Tor.

Stunden später ergriffen Frankfurter Handwerksburschen die Initiative. Von innen überwältigten sie die Torwachen und ließen die Hessen in die Stadt. Auf der anderen Seite, am Bockenheimer Tor, zogen die französischen Soldaten Richtung Mainz ab.

Zur Erinnerung an dieses Exempel militärischer Unfähigkeit und sinnlosen Sterbens stiftete Friedrich Wilhelm II. von Preußen 1973 das „Hessendenkmal". Es steht in einer kleinen Parkanlage der Friedberger Landstraße vor dem ehemaligen Friedberger Tor.

Ungeöffnet
Eine Tür

Innenstadt, Stiftstraße 36

„Rebekka" war das Codewort, das an der Gegensprechanlage des Appartementhauses Stiftstraße 36 gesagt werden musste. Denn es waren zu viele Herren, die unangemeldet in den vierten Stock kommen wollten. Rebekka öffnete die Tür für jene, die für die einfacheren Handreichungen von Deutschlands teuerstem „Mannequin" gerne 50 oder 100 DM zahlen wollten. Etwas mehr verlangte die Dame für exquisitere Aufgaben oder wenn es wehtun sollte. Dies zwischen Badewanne und Küchentisch, manchmal auch auf dem Bett, gerne für besonders quälende Aufgaben.

Durch diese Tür gingen einige Bosse von Banken und der Industrie, deren Namen durch das junge Adenauer-Deutschland schallten. Zum Leidwesen der Nachbarn stand die Kundschaft mit ihren Bedürfnissen im Treppenhaus und im Laubengang vor der Wohnung Schlange. 80.750 DM war ihr Jahreseinkommen. Das langte für die Miete von 150 Mark für 75 qm und den Mercedes 190 SL für 18.600 Mark mit 105 Männerstärken – pardon, Pferdestärken.

Die Tür ist immer noch die alte. Der heutige Mieter ist ein anderer. Die alte Mieterin liegt seit ihrer Ermordung im November 1957, ab 2010 auch mit ihrem Schädel, auf dem Düsseldorfer Nordfriedhof. Den Schädel hatte man in Frankfurt noch aufgehoben, denn man hoffte, dass der Mörder, der mit einem Aschenbecher zugeschlagen hatte, vielleicht doch noch zu finden war. Der Gegenstand hinterließ eine Delle im Schädel. Später verschwand er aus den Asservaten. Vielleicht könnte er den Weg zum Mörder weisen.

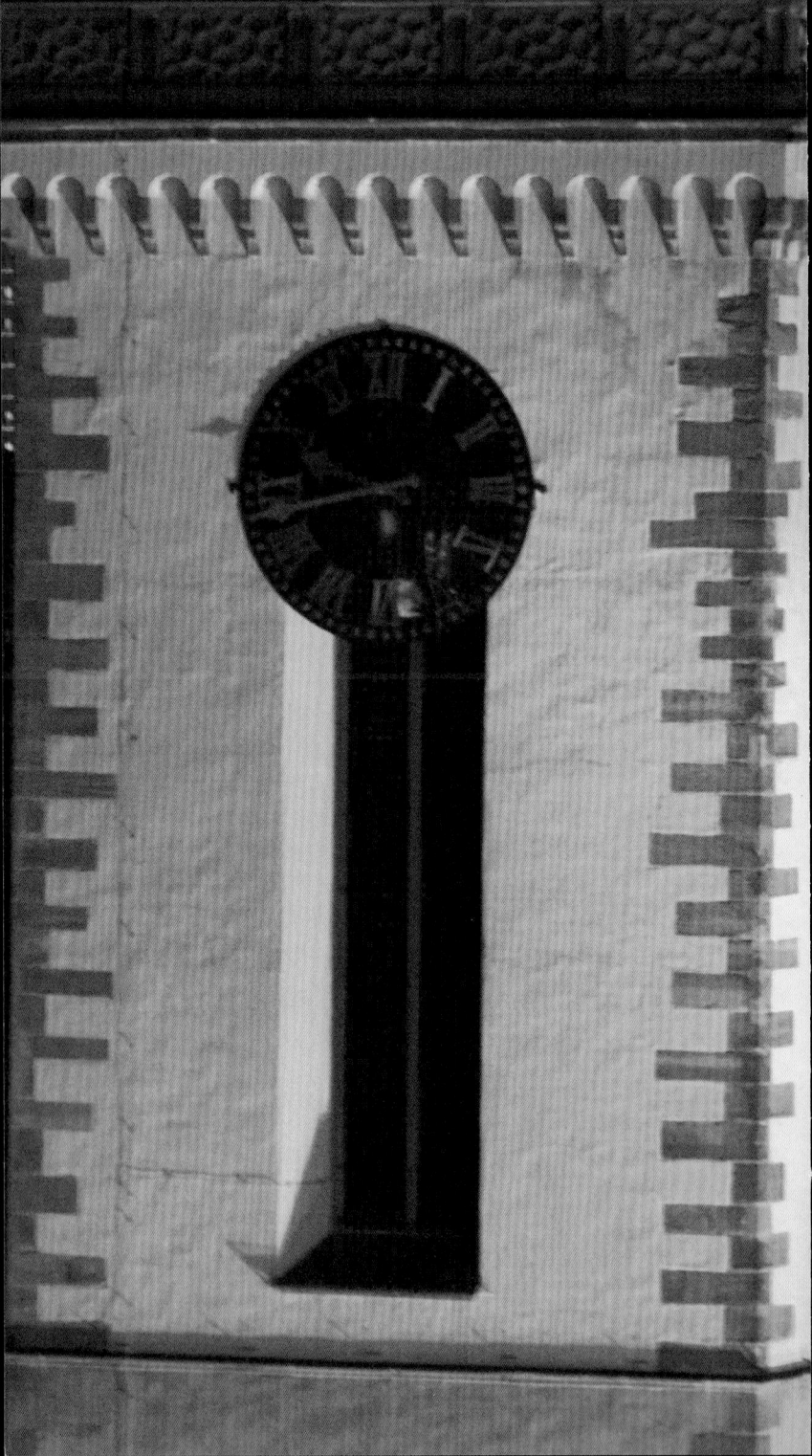

Ungenau
Uhr an der Katharinenkirche

Innenstadt, Hauptwache

In Frankfurt gab es, wie in manch anderen deutschen Städten, während des Zweiten Weltkrieges den Spruch: „Frankfurt werden sie schonen, denn in Frankfurt wollen sie wohnen." Gemeint war damit, dass die Luftangriffe der Alliierten Frankfurt schon nicht treffen würden.

Einige Zeit lang sah es auch danach aus. Dann aber kam es am 4. Oktober 1943 zu den ersten schweren Angriffen auf die Stadt. Das eigentlich vernichtende Bombardement traf die Stadt am 18. März 1944 um 21.13 Uhr und dauerte bis zum 22. März an. Etwa 1.200 Sprengbomben und über eine Millionen Phosphorbomben zerstörten die überwiegend aus dem 17. Jahrhundert stammende Fachwerk-Altstadt sowie weite Teile der übrigen Stadt. 5.559 Frankfurter verloren dabei ihr Leben. Die brennende Stadt soll angeblich bis Kassel zu sehen gewesen sein. Am 29. März 1945 war der Krieg für Frankfurt beendet. Am 8. Mai 1945 kapitulierte das restliche Deutschland.

Bei dem Bombardement vom 22. März 1944 brannte auch die Katharinenkirche an der Hauptwache vollständig aus. Nur die Außenmauern und der Turm der Kirche hielten dem Feuer weitgehend stand. Die Kirchturmuhr blieb um 21.43 Uhr stehen. Zehn Jahre, bis zur Wiedereinweihung der Kirche und der Reparatur der Uhr, verharrten die Zeiger auf dieser Uhrzeit, gleichsam als Mahnung. Die Festpredigt zur Einweihung hielt der evangelische Theologe Martin Niemöller, Mitglied der Bekennenden Kirche und bekannter Widerstandskämpfer.

Bild: 22. März 2013, 21.43 Uhr

Unterleib
Vom Ende der schwulen Szene

98.

Innenstadt, Alte Gasse

Schwule Viertel gab es in den Städten immer. Mal offen, mal weniger offen, eben den Zeitläuften geschuldet. Das erste bekannte Quartier Frankfurts befand sich am Rande des Rosenthals, dem historischen Rotlichtviertel östlich des Goethehauses (102 Unorte, Nr. 58). Schon im ersten Frankfurter „Bordellführer" von 1791 „Briefe über die Galanterien von Frankfurt am Main", wahrscheinlich von Johann Christian Ehrmann (1749-1827), einem Freund Goethes, geschrieben, wurden im Rosenthal die Treffpunkte der „Sodomiten" beschrieben.

Ab etwa 1900 existierte mehr oder weniger offen in den Straßen um die Rosengasse, die Rothkreuzgasse und das Citronengässchen eine Subkultur der Homosexuellen. Der erste moderne Führer durch das homosexuelle Deutschland von 1926 erwähnt im Bereich der Altstadt allein zehn Lokale. Das „Mickymaus" in der Saalgasse, „St. Pauli" in der Sandgasse oder „Stadt Saarbrücken" am Kornmarkt. Männer, so oder so, sind eben erfinderisch, wenn es um „gewisse Bedürfnisse" geht.

Nach der Vernichtung der schwulen Subkultur im Dritten Reich entstand eine neue Szene. Der berühmteste Ort in Frankfurt waren die „Main Terrassen" von Heinz Stemmler, wo sich allerhand liederliches Volk traf. Seit den fünfziger Jahren verlagerte sich die Szene zunächst in die Umgebung der Kleinen Bockenheimer Straße und dann rund um die Alte Gasse. Ein Wandel kündigt sich an: Es ist das Internet, das jetzt für viele der zunächst virtuelle Treffpunkt geworden ist. Gab es in den sechziger Jahren noch mehr als 40 Lokale der schwulen Szene, so kann man sie heute an einer Hand abzählen.

Ungelesen
Wo schrieb Valentin Senger?

Sachsenhausen, Morgensternstraße 34

Orte, an denen Literatur entsteht, haben immer eine besondere Atmosphäre. Das Stehpult Goethes, der Schreibtisch des einen oder die Parkbank oder das Café des anderen. Valentin Senger (1918-1997) schrieb in einem kleinen Gartenhaus in der Morgensternstraße 34. Senger wohnte bis zu seinem Tod hier.

Sengers Familie stammte aus Russland und war vor den Pogromen der Zarenzeit nach Frankfurt geflohen. Geboren wurde Senger in der Kaiserhofstraße 12. Später lebte er in der Mainzer Landstraße und in der Römerstadt. Sengers Familie gehörte zu den nur etwa 160 Frankfurter Juden, die in Frankfurt den Naziterror überlebten. 11.500 Frankfurter Juden wurden in den Vernichtungslagern ermordet. Nach dem Krieg arbeitete Senger als Konstrukteur und später als Journalist für den Hessischen Rundfunk.

Bis 1981 wurde ihm die deutsche Staatsbürgerschaft verweigert, da er zeitweise Mitglied in der KPD war – für viele Deutsche schlimmer, als der NSDAP angehört zu haben. Erst nach seiner Pensionierung widmete sich Senger ganz der Schriftstellerei. 1978 erschien sein erstes und berühmtestes Buch, Kaiserhofstraße 12. Dieses verfasste er noch überwiegend in dem kleinen Ort Schwarz im Vogelsberg. Sengers spätere Werke wie sein Roman „Die Buchsweilers" über das Leben der deutschen Wanderjuden im 19. Jahrhundert entstanden nach langer Recherche in einer Gartenhütte, einer Butze (so jedenfalls die Schriftstellerin Eva Demski) hinter dem gründerzeitlichen Vorderhaus der Morgensternstraße 34. Die Hütte steht noch in dem schönen Garten, den Irmgard und Valentin Senger 1994 anlegten (Hinweis Irmgard Senger).

Unter Drogen
Die alte Wappentafel

Ostend, Grüne Straße 2

Es ist ein eigenartiges Gebäude auf der Ecke Grüne Straße/Hanauer Landstraße, langgestreckt mit Bögen aus Ziegelstein und Fensterrahmen aus Sandstein. Sicher ein ehemaliges Gewerbegebäude. Heute befindet sich hier, nach langem Streit, Frankfurts Heroinambulanz.

Ein alter Wappenstein aus rotem Sandstein, der so gar nicht hierher passen will, befindet sich über dem mittleren der elf Bögen. Zu sehen ist das aus rotem Sandstein bestehende Familienwappen der Baur von Eysseneck. Es hing über dem Pfortenhaus des Junghofs. Der ursprüngliche Junghof in der Junghofstraße gehörte 1361 einem Geldwechsler namens Junge und lag zwischen der heutigen Junghofstraße und der Neuen Schlesingergasse. Der Hof wechselte mehrfach den Besitzer, bis er der Patrizierfamilie Baur von Eysseneck zufiel.

Der Junghof wurde 1756 durch den Holländer Bender von Bienthal zu einem Konzert- und Theatersaal umgebaut. Die Spielstätte wurde heftig von der evangelischen Kirche bekämpft. Es wurde befürchtet, dass das Theater obszön und ein subtiles Gift sei. Der junge Goethe war dort ein häufiger Besucher.

Mit der Errichtung des „Saalbaus" 1860 wurde der alte Junghof abgerissen. Das riesige Gebäude begeisterte mit seiner grandiosen Akustik. Ferdinand Lassalle sprach hier. Im Saalbau wirkten von Clara Schumann über Gustav Mahler bis Paul Hindemith die renommierten Künstler der Musikwelt. Die Klavierprobe der Beethoven-Interpretin Elly Ney am 29. Januar 1944 wurde durch einen Bombenangriff unterbrochen. Die Pianistin konnte sich nur mit Mühe retten. Der Saalbau wurde getroffen und nach dem Krieg, obwohl weitgehend erhalten, abgerissen.

Unerwünscht
Elisabeth Winterhalter

101.

Nordend, Scheffelstraße 2

Dr. Elisabeth Hermine Winterhalter: Eine Frau mit echtem Doktortitel. Heute fast selbstverständlich. 1900 in Frankfurt und in Deutschland keineswegs.

Elisabeth Winterhalter (1856-1952) musste wie viele Frauen dieser Zeit für ein Studium den Umweg über Paris (viele auch Zürich) gehen. Nach der Promotion 1889 und der Ausbildung zur Chirurgin in Paris, München und Stockholm kam sie 1891 zusammen mit Ottilie Roederstein, ihrer Lebensgefährtin, nach Frankfurt. Hier ließ sie sich als Gynäkologin und erste deutsche Chirurgin nieder. Winterhalter führte als erste Frau in Deutschland eine Laparotomie, einen Bauchschnitt, durch. Selbstverständlich feindeten ihre männlichen Kollegen sie an. Von diesen unerwünscht und diffamiert als Kurpfuscherin, musste sie sich gegen Vorurteile und Böswilligkeit behaupten.

Ihre erste Anstellung fand sie im Krankenhaus der Schwesternschaft Maingau vom Roten Kreuz in der Scheffelstraße 2, das 1890 vom Vaterländischen Frauenverein (das geht!) gegründet wurde. Winterhalter war frauenpolitisch aktiv, sie war Mitgründerin des Vereins „Frauenbildung – Frauenstudium". Durch diese Initiative wurde in Frankfurt eine Mädchenschule gegründet, die später in die Schillerschule aufging. 1911 gab sie ihren Beruf auf und zog mit Ottilie Roederstein nach Hofheim. Die Malerin ist mit ihren Gemälden in vielen Frankfurter Sammlungen vertreten. Sie starb 1937. Elisabeth Winterhalter segnete das Zeitliche 1952 hochbetagt im Alter von 95 Jahren. Beide waren Ehrenbürgerinnen der Stadt Hofheim.

Unbezahlbar
Wucher am Fenster

Innenstadt, Römerberg 6

Vom „Schwarzen Stern" an der Südostecke des Römerbergs hat man freie Sicht auf den ganzen Platz. Am 9. Oktober 1790 gab es eines der seltenen Schauspiele im Heiligen Römischen Reich Deutscher Nation, für die zu sehen jeder Preis gezahlt wurde: eine Kaiserkrönung. Kaiser Josef II., der große Reformator, war erst 49-jährig in Wien an Tuberkulose gestorben. Nachfolger wurde sein jüngerer Bruder Peter Leopold, vorher Großherzog der Toskana. Als Leopold II. bestieg er den Kaiserthron.

Der „Schwarze Stern" wurde bereits 1408 erwähnt. Sein heutiges Aussehen hat er seit etwa 1550. Das steinerne Erdgeschoss mit den großen Rundbögen barg wohl Lagerräume für die Messe. Darauf ruhen drei jeweils vorspringende Obergeschosse. Das zierlich und leicht wirkende Haus fällt durch seinen Fensterreichtum auf. Auf dem Römer gab es immer etwas zu sehen, sei es die Börse, die Messen oder eben die Kaiserkrönungen. Daraus zogen die Eigentümer, 1790 war es die Patrizierfamilie Völcker, einen gewaltigen Gewinn. Die Fensterplätze waren schier unbezahlbar.

Allein für den Krönungstag zahlte Heinrich Anton Brückner für vier Fenster 66 Gulden. Die verwitwete Landgräfin von Hanau teilte sich mit dem Prinzen von Württemberg 5 Fenster für 220 Gulden. Ein Baron aus Mainz und sieben Domherren gaben für zwei Fenster „ohne contract" 88 Gulden. Zwei Ecken des Hauses wurden für den Krönungstag ausgebrochen, um Sicht zu geben. Die Endsumme für den „Schwarzen Stern" war eine Tageseinnahme von 2.211 Gulden. Das sind 10 Jahreseinkommen eines Schulmeisters oder rund eine halbe Million Euro im Jahr 2013.

Ungezwungen
Die Zwingergasse

Innenstadt, Zwingergasse

Die Zwingergasse. Ein Zwinger? Ein Hundezwinger? Kein Hund weit und breit. Die Lage der kleinen Gasse parallel zur Hochstraße verrät, worum es bei dem Straßennamen geht. Die historische Frankfurter Stadtmauer lief seit dem 14. Jahrhundert nur wenige Meter nördlich etwa unter dem heutigen südlichen Bürgersteig der Hochstraße entlang. Das System der Stadtmauer des 14. Jahrhunderts bestand eigentlich aus zwei Mauern, zwischen denen ein Raum war, in dem eventuelle Eindringlinge in die Stadt „be-zwungen" werden konnten. Deshalb der Name „Zwingergasse".

Die mehrfach erweiterten Mauern und die Verteidigungsanlage waren den Bedürfnissen angepasst worden. Die modernen Techniken der Kriegsführung in späteren Jahren machten allerdings vor solchen Stadtmauern bald keinen Halt mehr. Die Fortifikation war überflüssig geworden. Als die Stadtmauern nach 1806 abgerissen worden waren, schüttete man im Bereich der späteren Hochstraße aus dem Material der Stadtbefestigung die Straße auf. Eine „hoch" liegende Straße entstand so.

Auf der Ecke zur Börsenstraße steht ein aufwendig renoviertes klassizistisches Fachwerkhaus aus der Zeit nach 1830. Der Sockel des Hauses ist, frankfurttypisch, aus Sandstein, darüber befindet sich ein verputzter Fachwerkbau. Rund um die Zwingergasse und Meisengasse hat sich ein kleiner Teil der verwinkelten Struktur der vorkriegszeitlichen Frankfurter Altstadt erhalten. Die von der Zwingergasse abgehende Meisengasse wurde nach einem Anwohner benannt. Und eben nicht wegen der Tatsache, dass hier Frankfurts Irrenhaus, das sogenannte Tollhaus oder Kastenspital stand (102 Unorte, Nr. 82).

Literatur

Bartetzko, Dieter, Architektur kontrovers. Schauplatz Frankfurt, Frankfurt/New York 1986.

Bauer, Thomas, Johann Christian Senckenberg. Eine Frankfurter Biographie 1707-1772. Frankfurt 2007

Bauer, Thomas/Maier, Tilo, Geschichte und Gegenwart der Mainova AG, Frankfurt 2012.

Berger, Frank/Setzepfandt, Christian, 101 Unorte in Frankfurt, Frankfurt 2011.

Berger, Frank/Setzepfandt, Christian, 102 neue Unorte in Frankfurt, Frankfurt 2012.

Braun, Dagmar, Vom Tollhaus zum Kastenspital. Ein Beitrag zur Geschichte der Psychiatrie in Frankfurt am Main, Hildesheim 1986.

Braunholz, Peter/Boerdner, Britta/Setzepfandt, Christian, Der Frankfurter Hauptfriedhof, Frankfurt 2009.

Der Spiegel 10, 1960 und 13, 1960 (Die rote Hand); Der Spiegel 21, 1981 (Heinz Herbert Karry); Der Spiegel 22, 1983 (Familie Jürges); Der Spiegel 42, 1997 (Jakub Fiszman).

Die Zeit, 25.5. 1990 (Hammermörder).

Eggenkämper, Barbara/Modert, Gerhard/Pretzlik, Stefan, Die Frankfurter Versicherungs AG 1865-2004, München 2004.

Almut Gehebe, Demokratischer Symbolismus. Die Parlamentsrotunde. In: Dieter Bartetzko (Hg.), Sprung in die Moderne, Frankfurt/New York 1994, S. 60-67.

Gazzetti, Maria (Hg.) Frankfurt. Literarische Spaziergänge, Frankfurt 2005.

Gersdorff, Dagmar von, Die Erde ist mir Heimat nicht geworden. Das Leben der Karoline von Günderrode, Frankfurt 2006.

Gerteis, Walter, Das unbekannte Frankfurt, 3 Bände, Frankfurt 1961-1965.

Hamburger Abendblatt vom 18.8. 1952 (Raubmord in Bockenheim).

Hock, Sabine, PIA Wochendienst, Nr. 27 vom 12.7. 2005 (Canetti).

Klötzer, Wolfgang (Hg.), Frankfurter Biographie, 2 Bände, Frankfurt 1994.

Leiss, Anna, Uni-Report 3 vom 19.5. 2010 (Kotzenberg).

Lübbecke, Fried, Das Antlitz der Stadt, Frankfurt 1952.

Mick, Günter (Hg.) Frankfurt. Streifzüge durch das zwanzigste Jahrhundert, Frankfurt 2002.

Museum für Vor- und Frühgeschichte (Hg.), Frankfurt am Main und Umgebung. Führer zu archäologischen Denkmälern in Deutschland 19, Stuttgart 1989.

Pülm, Wolfgang, Neu-Isenburg. Die Entwicklung einer Hugenottenstadt, Frankfurt 1999.

Rödel, Volker, Ingenieurkunst in Frankfurt am Main 1806-1914, Frankfurt 1983.

Schomann, Heinz, Der Frankfurter Hauptbahnhof, Frankfurt 1983.

Setzepfandt, Christian, Architekturführer Frankfurt am Main, Berlin 2002.

Wissenbach, Björn, Mauern zu Gärten, Frankfurt 2010.

Wolff, Carl/Jung, Rudolf/Hülsen, Julius, Die Baudenkmäler in Frankfurt am Main, 3 Bände, Frankfurt 1896-1914.

Die Autoren

Frank Berger, Jahrgang 1957, studierte Geschichte, Germanistik und Archäologie. Seit 1985 Kurator am Kestner-Museum in Hannover und seit 1997 am Historischen Museum Frankfurt. Von ihm sind Veröffentlichungen zur Numismatik, Polarforschung und Regionalgeschichte erschienen.

Christian Setzepfandt, geboren 1957 in Frankfurt, ist studierter Kunsthistoriker und organisiert seit 30 Jahren Führungen in und um Frankfurt. Er arbeitet als Moderator und ist Autor der Bücher „Geheimnisvolles Frankfurt am Main", „Architekturführer Frankfurt am Main", „Frankfurt ArchitekTour" und „Der Frankfurter Hauptfriedhof".

FRANK BERGER
CHRISTIAN SETZEPFANDT

101 UNORTE
IN FRANKFURT

SOCIETÄTS
VERLAG

FRANKFURTER SOCIETÄTS-
MEDIEN GMBH

Frank Berger und Christian Setzepfandt
101 Unorte
in Frankfurt

Ungewöhnlich, unterschätzt, unentdeckt.
Der besondere Reiz Frankfurts beruht nicht auf dem Goethe-Haus, der Paulskirche und dem Römer. Dass der Charakter der Stadt wesentlich facettenreicher ist, erfahren meist nur die, die einen Blick hinter die Fassade der renommierten Bankenmetropole werfen. Mit diesem einzigartigen Buch laden Frank Berger und Christian Setzepfandt dazu ein, Frankfurt fernab von ausgetretenen Touristen-Pfaden kennenzulernen. Vorgestellt werden 101 abseitige, skurrile und spannende Un-Orte, die so in keinem Reiseführer zu finden sind. So geht es beispielsweise um die unbequeme Ampel Theodor Adornos, den unbeliebten AfE-Turm, das untadelige Café Wacker in Bornheim, den unterschätzten Städtischen Weinberg sowie um weitere Un-Orte, die einen zweiten Blick mehr als wert sind.

216 Seiten, Broschur / ISBN 978-3-7973-1248-8 / 12,80 Euro

ÜBERALL IM BUCHHANDEL

FRANK BERGER
CHRISTIAN SETZEPFANDT

102 NEUE UNORTE IN FRANKFURT

BESTSELLER Teil 2

SOCIETÄTS VERLAG

FRANKFURTER SOCIETÄTS·
MEDIEN GMBH

Frank Berger und Christian Setzepfandt
102 neue Unorte
in Frankfurt

Unbekannt, Ungeschminkt, Unbegreiflich.
Für Neugierige, Individualisten, Schaulustige und Frankfurt-Liebhaber – der Fortsetzungsband des Bestsellers macht die Mainmetropole unvergesslich! Lust auf eine Stadtbegehung der ungewöhnlichen Art? Dann begleiten Sie Frank Berger und Christian Setzepfandt auf ihrer Tour zu 102 außergewöhnlichen Unorten Frankfurts. Lernen Sie das schändliche Fettmilchplätzchen kennen, spazieren Sie durch Frankfurts toten Autobahntunnel oder staunen Sie über die sonderbarste Toilette der Innenstadt. Sie meinen Frankfurt zu kennen? Lassen Sie sich vom Gegenteil überzeugen und entdecken Sie die Stadt am Main von ihrer verborgenen Seite! Ob geheime Plätze, versteckte Sehenswürdigkeiten oder kuriose Bauten – mit diesem Band wird Frankfurt zu einer großen Überraschung!

216 Seiten, Broschur / ISBN 978-3-942921-41-1 / 12,80 Euro

ÜBERALL IM BUCHHANDEL